Guía para Principiantes Para Una Jardinería en Contenedores Exitosa

Cultive sus propios alimentos en lugares pequeños

Guía para Principiantes Para Una Jardinería en Contenedores Exitosa

Cultive sus propios alimentos en lugares pequeños

Más de 25 métodos de bricolaje de eficacia probada para el compost, la siembra asociada, el ahorro de semillas, la gestión del agua y el control de plagas.

Escrito por Sophie McKay

www.SophieMcKay.com

Contenido

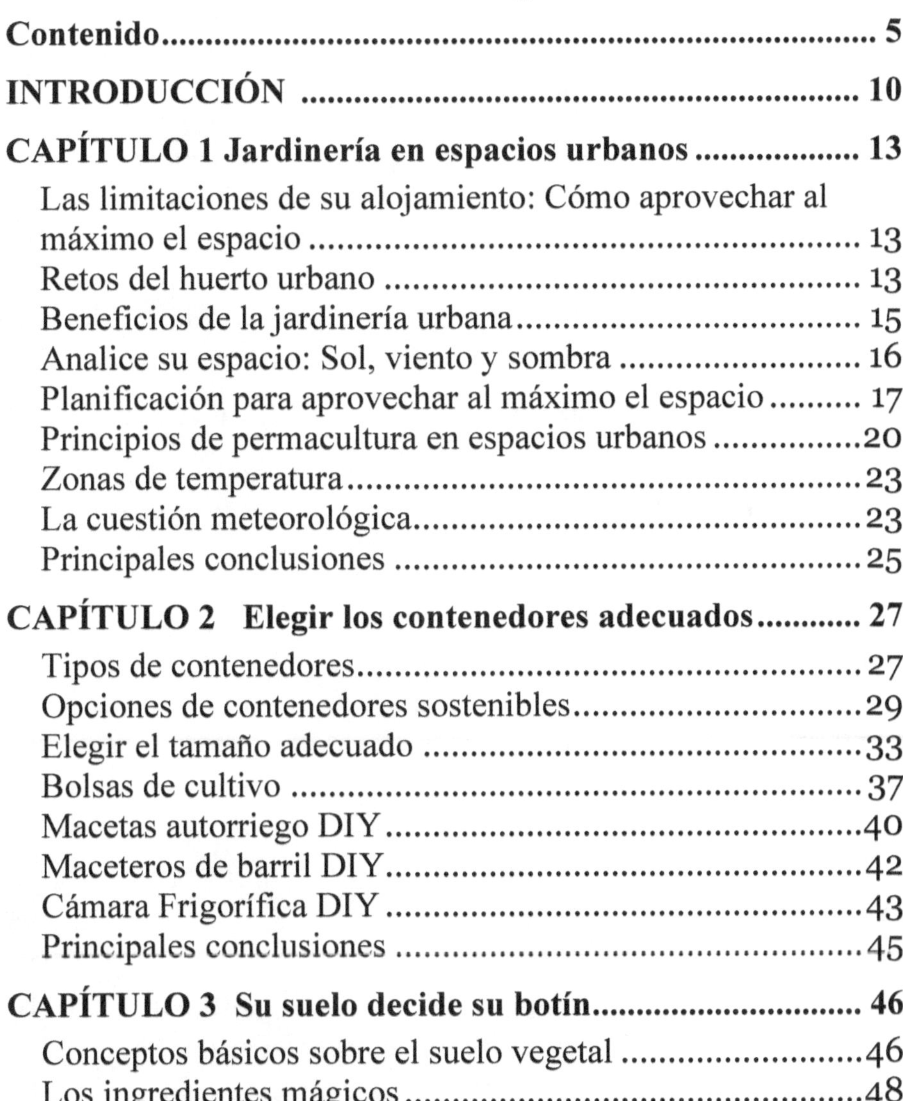

Contenido... 5

INTRODUCCIÓN 10

CAPÍTULO 1 Jardinería en espacios urbanos 13

Las limitaciones de su alojamiento: Cómo aprovechar al máximo el espacio 13

Retos del huerto urbano 13

Beneficios de la jardinería urbana 15

Analice su espacio: Sol, viento y sombra 16

Planificación para aprovechar al máximo el espacio 17

Principios de permacultura en espacios urbanos 20

Zonas de temperatura 23

La cuestión meteorológica..23

Principales conclusiones 25

CAPÍTULO 2   Elegir los contenedores adecuados............ 27

Tipos de contenedores..27

Opciones de contenedores sostenibles..........................29

Elegir el tamaño adecuado 33

Bolsas de cultivo 37

Macetas autorriego DIY 40

Maceteros de barril DIY..42

Cámara Frigorífica DIY 43

Principales conclusiones 45

CAPÍTULO 3 Su suelo decide su botín..........................46

Conceptos básicos sobre el suelo vegetal 46

Los ingredientes mágicos 48

Necesidades nutricionales 49

Cómo preparar la tierra para su huerto en macetas 50

Mezcla para macetas de uso general 52

Preparación del suelo en el jardín 53

Mantillo de lasaña 54

Cómo hacer su propio compost 55

Moho de las hojas 59

Compost Bokashi 60

Un festín para sus plantas 60

Té de ortiga 61

Vermicompost 61

Cómo mantener un suelo sano 63

Principales conclusiones 65

CAPÍTULO 4   Trabajar el agua **66**

Directrices de riego 66

Ollas 68

Recoger el agua de lluvia 69

Métodos de conservación del agua 72

Principales conclusiones 73

CAPÍTULO 5   Empieza el trabajo: ¡a plantar! **74**

Conozca su planta 74

Decidir qué cultivar 74

Conozca sus plantas 78

Anuales nutritivas 78

Bienales productivas 79

Plantas perennes: La joya de la corona de su jardín urbano 79

Selección de semillas 81

Su propio calendario de siembra 83

Plantación asociada 84

El problema de la polinización 86

Principales conclusiones 87

CAPÍTULO 6 Siembra de semillas **88**

Dónde comprar semillas 88

Su tiempo importa: Rentabilidad y comerciabilidad 89

Factores importantes para la selección de semillas 89

Cómo dar ventaja a sus semillas 90

Cómo sembrar semillas 92

Calendario de siembra...94
Siembra de invierno 98
Huerto autosuficiente 99
Principales conclusiones 99

CAPÍTULO 7 El directorio de plantas: ¡Elija usted!...... 101

Verduras 101
Verduras de hoja verde 103
Raíces 104
Frutas 107
Bayas y grosellas 109
Tallos y bulbos 110
Árboles enanos para macetas.......................................112
Hierbas..114
Cómo hacer una maceta 115
Principales conclusiones 116
Consejos prácticos y recetas probadas para la siembra
asociada 116
Cóctel de hierbas 116
Delicias mediterráneas 117
Ensaladas en abundancia 118
Chiles y pimientos 119
El paraíso de las barbacoas..119
Mezcla de hortalizas de raíz 120
Planificador de cultivos de temporada..............................121

CAPÍTULO 8 Cómo gestionar su huerto 125

Mantener un jardín sano.. 125
En forma 125
Rotación de cultivos 128
Fertilizantes...129
Cuidar las plantas 132
Principales conclusiones 132
Qué hacer cuando las cosas van mal 133
¿Qué se come sus plantas? Los sospechosos habituales ... 133
Métodos ecológicos de control de plagas 137
En lo profundo de la maleza 141
Principales conclusiones 141

CAPÍTULO 9 Es hora de cosechar.....................143

Principios de la cosecha de hortalizas 143
Guía para principiantes sobre la conservación de semillas 152
Conservación de semillas de hortalizas pernadas 156
¿Por qué hay que guardar semillas? 156
Tipos de plantas para conservar semillas.......................156
Principales conclusiones.................................158

CAPÍTULO 10 Del huerto a su mesa 159

Técnicas de conservación............................159
Almacenamiento 161
Conservar cocinando.................................162
Pesto 162
Encurtido de tomate verde.........................163
Salsa de tomate 164
Salsa de rábano 165
Sidra de fuego....................................166
Principales conclusiones........................... 167

Conclusión 168

Por favor, ¡deje su opinión! 170

Vocabulario sobre semillas 171

Bibliografía 173

Antes de empezar, ¡Consiga sus regalos GRATUITOS!

Calculadora de siembra de Sophie McKay
+ La guía definitiva para el **control** ecológico de las malas hierbas

En estos recursos gratuitos, descubrirá:

- El momento perfecto para sembrar y plantar en SU región o zona
- Los 8 métodos ecológicos para eliminar las malas hierbas
- Los 6 mejores métodos de control de malas hierbas
- Las herramientas que NO sabías que necesitabas para tener un jardín libre de malas hierbas
- Cómo las malas hierbas pueden ayudar a su jardín
- Cómo identificar qué hierba es buena y cuál es mala para un patio o jardín
- Diferencia entre maleza invasora y nociva

Consiga hoy mismo su ejemplar GRATUITO visitando
https://sophiemckay.com/free-resources/

INTRODUCCIÓN

Cuando crecí en la granja de mis abuelos, no podía imaginarme vivir sin espacios verdes. En nuestro jardín florecían flores todo el año y siempre teníamos verduras frescas para comer. Viviendo en ese entorno, la jardinería se convirtió en algo natural para mí. Luego, como joven estudiante universitaria, me mudé a mi primer apartamento en el corazón de la ciudad.

El piso, de una habitación y situado en la tercera planta, estaba rodeado de edificios altos que tapaban la mayor parte de la luz del sol. Recuerdo que paseaba por las habitaciones recién pintadas y me sentía perdida: el arce rojo de la ventana me recordaba dolorosamente a mi hogar. Me sentía atrapada en una jungla de cemento y deseaba estar al sol, cultivando la tierra, arrancando malas hierbas y regando las plantas.

No podía plantar árboles frutales y hortalizas en mi apartamento. Sin embargo, el lugar necesitaba un toque hogareño que me ayudara a instalarme. Así que decidí arreglármelas con lo que tenía y compré un limonero. La coloqué en una ventana orientada al Norte, en la cocina, donde recibía algunas horas de sol.

Imaginen mi consternación cuando, a pesar de mis meticulosos cuidados, sus hojas empezaron a amarillear y a caerse. Dos semanas después de traerlo a casa del centro de jardinería, el limonero presentaba un aspecto desolador. Al cabo de otras semanas, no tenía más que una planta muerta en un contenedor lleno de tierra. Mis siguientes intentos con tomates, chiles verdes y pimientos corrieron la misma suerte.

¿Había perdido mis habilidades en la jardinería? ¿O era imposible cultivar nada en un entorno urbano?

Mi siguiente intento con hierbas y guindillas tuvo éxito. Poco a poco, aprendí a cultivar plantas de interior. Mudarme a una casa más grande con un balcón soleado me permitió ampliar mi huerto urbano y pronto cultivé una gran variedad de frutas, verduras y hierbas. Mi enfoque de la jardinería en macetas se volvió más sofisticado cuando conocí la permacultura. Técnicas como la recogida de agua, el compost, la siembra asociada, el acolchado, la creación de gremios y la construcción de cámaras frigoríficas mejoraron la productividad de mi pequeño huerto, garantizando el suministro de alimentos durante todo el año. La permacultura cambió mi perspectiva de la jardinería, desplazando mi atención de lo que *no podía* hacer a lo que *sí podía*. Me di cuenta de que las limitaciones de la jardinería solo existían en mi cabeza.

La permacultura me enseñó que -con unos pocos ajustes- se podían cultivar frutas, verduras y hierbas en casas que normalmente se consideran inadecuadas para la jardinería exterior, como apartamentos y casas pequeñas con zonas de cultivo limitadas. Las plantas amantes del sol, como los tomates, prosperarían en un balcón orientado al sur, mientras que las espinacas, la lechuga y la menta lo harían en ventanas o balcones orientados al norte.

Dirigí numerosos tutoriales y talleres para enseñar a las comunidades soluciones prácticas para reducir la pobreza alimentaria. Mi amplia experiencia como permacultora me convenció de que cualquiera podía cultivar sus propios alimentos. Ayudé a mis amigos y conocidos a crear florecientes huertos en macetas y fui testigo de su alegría al comer frutas y verduras cultivadas en casa.

Mi anterior libro, *El proyecto de la permacultura,* abordaba brevemente la jardinería urbana. Pronto me di cuenta de que este amplio tema requería un libro propio. *Guía para Principiantes Para Cultivar con Éxito* es una guía completa que le ayudará a disfrutar de las ventajas de la jardinería y a conseguir un estilo de vida sostenible, independientemente del tamaño de su terreno.

En este libro aprenderá los conceptos básicos de la jardinería en macetas. Cierre los ojos e imagínese su balcón, patio o jardín rebosante de frondosas plantas verdes, vibrantes flores y rollizas hortalizas. Arranca el romero y el tomillo del alféizar de su ventana y cosecha tomates y berenjenas frescos de su balcón. Imagine cocinar con ingredientes frescos y ecológicos y disfrutar de una sabrosa comida con su familia. Por increíble que parezca, es posible, y este libro le ayudará a conseguirlo.

El libro se divide en 10 capítulos basados en los distintos aspectos importantes de la jardinería en contenedores. El capítulo 1 está lleno de ideas creativas para superar las limitaciones de su alojamiento y encontrar el lugar perfecto para sus plantas. El capítulo 2 le ayudará a empezar eligiendo los recipientes adecuados. En los capítulos 3 y 4 aprenderá todo lo que necesita saber sobre la gestión del suelo y el agua. Siguiendo nuestras técnicas de bricolaje podrá mejorar sus habilidades y crear su propio compost o incluso un sistema de ahorro de agua de lluvia. En el capítulo 5 conoceremos las necesidades de las plantas y en el 6 descubriremos los secretos del cultivo de semillas.

El capítulo 7 trata de los requisitos más importantes de las mejores frutas, verduras y hierbas para los huertos en contenedor, mientras que el capítulo 8 le ayudará a mantener el impulso mediante el manejo de sus plantas, la defensa contra las plagas y la prevención de la propagación de enfermedades. Si nos ha acompañado hasta aquí, ¡estaremos listos para la cosecha! El capítulo 9 te enseña todos los consejos y trucos importantes que necesita saber para cosechar con éxito. El último capítulo trata sobre cómo disfrutar de los frutos de su trabajo y almacenar sus cosechas para más adelante. El capítulo 10 está repleto de mis recetas favoritas para conservar los alimentos, que harán las delicias de su paladar mientras se asegura de que no se desperdicie ni una sola cosecha.

Los consejos y trucos de este libro le ayudarán a convertir su casa en un paraíso para los amantes de las plantas. ¡Es hora de acabar con las dudas y estirar esos dedos verdes!

CAPÍTULO 1

Jardinería en espacios urbanos

Las limitaciones de su alojamiento: Cómo aprovechar al máximo el espacio

Cuando me mudé a mi primer piso, no me había dado cuenta de lo difícil que puede ser decorar un espacio reducido. Creo que la mayoría de nosotros nos enfrentamos a los mismos retos. Los muebles tienen que tener el tamaño adecuado y estar colocados de la manera correcta para aprovechar al máximo la superficie limitada de que disponemos. La experiencia me hizo darme cuenta de lo importante que es buscar soluciones que se adapten a sus *necesidades* cuando trabaja con espacios pequeños. Las reglas de la jardinería urbana son las mismas: ¡analice su espacio y encuentre la solución perfecta!

En este capítulo veremos algunos de los retos que plantea la jardinería urbana y hablaremos de sus numerosos beneficios. Conoceremos la planificación correcta que puede ayudarnos a maximizar nuestro espacio y los distintos factores que afectan al crecimiento de las plantas. Así que, ¡vamos a sumergirnos y ver lo que nos espera!

Retos del huerto urbano

No hay nada tan gratificante como cultivar sus propios alimentos. Deliciosas y sabrosas frutas y verduras van directamente de su jardín a su cocina, por lo que puede estar seguro de que sus alimentos no han sido tratados con productos químicos nocivos.

Todo el proceso está en sus manos, desde la plantación de las semillas hasta la cosecha.

Pero antes de coger una pala y empezar a cavar, es necesario hacer balance de la situación y prepararse para los obstáculos que puedan surgir. Veamos algunos obstáculos que deben sortear los jardineros urbanos.

- *Planificar con poco espacio lateral:* La falta de espacio puede crear algunos obstáculos, pero también le da la oportunidad de dar rienda suelta a su creatividad.

- *Exposición a la luz solar intensa:* Los jardines urbanos tienden a quemarse con el sol. Las grandes estructuras de hormigón del entorno, como edificios o aceras, irradian calor que puede abrasar las plantas. Además, estas superficies retienen el calor mucho después de la puesta de sol, por lo que el problema persiste al caer la noche.

- *Ajustar el contenido de nutrientes del suelo:* La falta de microorganismos y materia orgánica hace que el suelo de los contenedores requiera más atención. El contenido en nutrientes debe reponerse con regularidad. El compost es un método excelente y sostenible para aumentar la fertilidad del suelo en los huertos en contenedor.

- *Enfrentarse a problemas de agua:* La tierra de las macetas suele secarse rápidamente, por lo que hay que regarlas con más frecuencia. Dependiendo de la estructura de su casa, un alero o una estructura que sobresalga puede bloquear el acceso de sus plantas al agua de lluvia. Por eso hay que ser muy diligente con el riego.

- *Problemas de polinización:* La ausencia de insectos beneficiosos puede crear problemas para la fertilización de las plantas. Puede que insectos como las abejas no lleguen a sus plantas, sobre todo si están en un balcón o tejado alto. Pero no se desanime; hay formas de animar a los insectos beneficiosos a visitar su huerto en macetas más a menudo. Más adelante compartiré varias soluciones alternativas para atraer polinizadores a su huerto urbano.

- *Ahuyentar pájaros y pequeños animales:* No querrá que los pájaros picoteen sus tomates ni que un gato callejero tire los pimientos que ha colocado en el alféizar de la ventana. Más adelante veremos cómo proteger su huerto de los huéspedes no invitados.

Beneficios de la jardinería urbana

No hay nada como la alegría de cuidar el jardín y pasar tiempo en contacto con la naturaleza. Las ventajas de la jardinería urbana superan con creces los inconvenientes. Al elegir leer este libro, es probable que ya tenga sus propias razones para querer tener un huerto productivo en macetas. Las ventajas son muchas:

- *Facilita el acceso a las plantas:* ¿Quién no cambiaría un viaje de una hora al supermercado por unos pasos hasta su jardín? Tener el jardín en casa facilita el acceso a las plantas para poder cortar los problemas de raíz.

- *Reduce el número de malas hierbas y plagas:* Cultivar plantas en macetas reduce el número de malas hierbas y previene los problemas habituales de plagas en el jardín, ¡haciendo que la jardinería sea coser y cantar!

- *Ayuda a mejorar la salud mental: Pasar* tiempo con la naturaleza reduce el estrés y aumenta el bienestar. El tacto de la tierra blanda en las manos, los colores vivos de las plantas, el olor a tierra y la alegría de ver desplegarse los pequeños tallos jóvenes mejoran el estado de ánimo, refuerzan la autoestima y aumentan la capacidad de atención.

- *Proporciona acceso a alimentos más sanos:* Los alimentos ecológicos cultivados en casa son muy superiores a los comprados en la tienda. Uno de los principales motivos es la ausencia de pesticidas químicos, que pueden ser tóxicos para el ser humano si quedan residuos en los alimentos. Además, los productos frescos de la huerta están repletos de nutrientes y no contienen conservantes.

- *Ayuda a enseñar jardinería a los niños:* Es una actividad divertida que puede hacer con toda la familia. Puede enseñar a sus hijos a cultivar plantas e inculcarles un profundo amor por la naturaleza.

- *Le ayuda a ahorrar dinero:* Puede reducir significativamente sus gastos en alimentos y combustible. Si cultiva en el jardín, el patio o la azotea, puede tachar de su lista de tareas pendientes ir corriendo al supermercado.

Analice su espacio: Sol, viento y sombra

Las primeras herramientas que necesita para montar su huerto en macetas son una aguda observación y una gran imaginación. Decida el lugar donde quiere crear su huerto urbano y obsérvelo durante los próximos días. Aquí tiene algunas preguntas que debe hacerse:

- ¿Cuánta luz solar o sombra recibe la zona a lo largo del día?

- ¿Recibe sol por la mañana o por la tarde?

- ¿Las paredes circundantes son de color oscuro o claro?

Responder a estas preguntas le ayudará a decidir qué plantas elegir y cómo disponerlas. Por lo general, en el hemisferio norte, un balcón o patio orientado al sur permanece soleado durante todo el día. Sin embargo, esto significa que las paredes orientadas al sur pueden llegar a ser extremadamente calurosas. Aunque esto puede hacer que sea un lugar ideal para cultivar hortalizas, tendrá que seguir un programa de riego rígido para asegurarse de que la tierra no se seque demasiado rápido. Normalmente, los pimientos y los cítricos prosperan en este lugar.

Una zona orientada al oeste recibe sobre todo la luz del sol de la tarde y la noche, por lo que las paredes orientadas al oeste no absorben tanto calor. Las plantas que crecen en un espacio orientado al oeste reciben una cantidad moderada de sol, por lo que muchos jardineros lo consideran el lugar ideal.

Los lugares orientados al este reciben mucho sol por la mañana; sin embargo, experimentan fluctuaciones extremas de temperatura y fuertes vientos. En estos casos, los muros pueden servir de barrera contra el viento y proteger de daños a plantas delicadas como los guisantes. Por último, las zonas orientadas al norte reciben poco o nada de sol, por lo que son perfectas para las plantas amantes de la sombra.

Los edificios y árboles circundantes también pueden modificar la luz solar que recibe una zona concreta. Por ejemplo, un edificio alto frente a un balcón orientado al sur acabará bloqueando la mayor parte de la luz. Tomar nota de las estructuras altas próximas a su casa puede ayudarle a encontrar el mejor lugar para sus plantas.

Zonas	Tiempo			
	9 AM	11 AM	2 PM	6 PM
Balcón delantero	Sombra	Sol parcial	Sol, a menudo ventoso	Sol, a menudo ventoso
Patio	Sol parcial	Sol	Sol	Sol
Alféizar de la cocina	Sombra	Sombra	Sol parcial	Sombra
Muro oeste	Sol	Sol	Sol parcial	Sombra

En sus notas, marque con "Sol" las zonas con más de 6 horas de luz solar directa. "Sol parcial" o "Sombra parcial" significa que el lugar recibe entre 3 y 6 horas de sol. "Sombra" significa una zona con menos de 3 horas de luz solar directa al día. Acuérdese de tomar notas sobre el viento y los extremos, como "demasiado calor" o "riesgo de heladas".

Planificación para aprovechar al máximo el espacio

Al planificar un jardín en macetas, la mayoría de la gente solo piensa en el espacio horizontal. Sin embargo, puede hacer sitio para más plantas aprovechando los espacios verticales e incluyendo los bordes en el diseño de su jardín. Las paredes o vallas son ideales para colocar enrejados para plantas trepadoras como guisantes, judías y cañas de bayas, incluidas frambuesas y moras. Los muros de ladrillo orientados al sur son excelentes para cultivar melocotoneros por su capacidad de almacenamiento de calor. Del mismo modo, un muro orientado al sur o al oeste puede proteger los cítricos de los vientos racheados y proporcionar calor.

Otra idea para aprovechar al máximo el espacio es colocar las macetas en estanterías o escaleras de mano. También puede sujetar macetas o abrevaderos a la barandilla de su balcón. Si es lo bastante resistente, puede sujetar un comedero en la parte superior y otro en la inferior. Las cestas colgantes y las jardineras son otras formas de meter más plantas en su huerto urbano (no olvides sujetarlas bien).

Además, dependiendo de su altura, a menudo puede cultivar más de una planta en una maceta. Por ejemplo, la rúcula puede crecer alrededor de un romero alto, la lechuga en la base de los guisantes y los microgreens debajo de los tomates. Sin embargo, tenga en cuenta que esto puede aumentar las necesidades de riego y nutrición del suelo.

Figura 1.1: Maximización del espacio mediante el uso de zonas verticales.

La siembra sucesiva es otra técnica sencilla para aprovechar al máximo el espacio. Consiste en sembrar diferentes semillas de plantas a intervalos de unas semanas. Por ejemplo, puede cultivar microgreens en primavera y utilizar la misma maceta para las hortalizas de verano. Mientras sus plántulas de tomate brotan en el interior, puede utilizar su recipiente en el exterior para cultivar lechugas. Los calabacines pueden plantarse en recipientes que se hayan utilizado para guisantes en primavera.

Las técnicas de permacultura allanan el camino hacia el éxito de la horticultura urbana. En mi primer libro, *The Permaculture Project*, enumeraba los 12 principios de la permacultura. Como mi libro anterior se centraba en las pequeñas explotaciones agrícolas familiares y los huertos familiares, he adaptado estos principios a un huerto urbano.

Su huerto en macetas es un pequeño ecosistema que se beneficia de seguir las reglas de la naturaleza. Tener en cuenta estos doce puntos le ayudará a tomar las mejores decisiones. Así pues, veamos los 12 principios de la permacultura y cómo podemos utilizarlos para diseñar la disposición de nuestro jardín.

Principio 1: Observar y aprender

Observar su entorno le permitirá tomar las mejores decisiones. Observe los lugares donde piensa colocar las plantas y fíjese en las diferencias de luz solar, viento y otros factores a lo largo del día.

Principio 2: Utilice sus recursos

Aproveche al máximo lo que tiene. Si tiene una casa orientada al norte en el hemisferio norte (haga lo contrario si vive en el hemisferio sur), elija plantas que prosperen con poca luz. Si en su balcón orientado al sur hace sol todo el día, elija plantas resistentes al calor que prosperen con la luz del sol. También puede almacenar el agua de lluvia, reciclar las aguas grises (aguas residuales de lavabos, duchas, bañeras, lavadoras o lavavajillas) y convertir los residuos de la cocina en compost.

Principio 3: Asegúrese de unir los puntos

Su huerto en macetas representa un ecosistema; cuanto más conectado esté a otros ecosistemas, más prosperará. Los ecosistemas mejor conectados presentan una mayor diversidad y tienden a ser más sanos. Por ejemplo, puede fomentar las poblaciones locales de insectos en su jardín para potenciar la salud y la reproducción de las plantas, y crear gremios emparejando plantas que se apoyen, nutran y protejan mutuamente.

Principio 4: Aprender de los errores y volver a empezar

Es probable que no le salga bien a la primera. Aprender de sus errores le ayudará a crear una configuración mejor. Manténgase abierto al cambio y no tema encontrarse con problemas.

Principio 5: ¡Adelante con la ecología!

La permacultura se basa en el concepto de confiar en la naturaleza para satisfacer nuestras necesidades. Recurrir a la energía verde puede ayudarle a reducir sus facturas de electricidad y minimizar su impacto ambiental. Almacenar agua de lluvia, aprovechar la luz solar y hacer compost son algunas de las técnicas que puede adoptar para lograr la autosuficiencia.

Principio 6: Reutilizar, reciclar y repetir.

¿Y si le dijera que el cubo de la cocina es un tesoro de nutrientes para sus plantas? Entonces, ¿por qué no utilizarlo para nutrir su huerto urbano? En este libro, le mostraré cómo puede convertir los residuos en una rica fuente de nutrientes y agua para sus pequeños amigos verdes.

Principio 7: Infórmese sobre el clima local

¿Su casa está orientada al sur o al norte? ¿Está situada en lo alto de una colina o en una pendiente? ¿Qué tiempo hace en su ciudad? ¿Conoce las fechas de las heladas? Familiarizarse con los distintos factores ambientales es primordial para montar un huerto a pequeña escala.

Principio 8: Alejar

En lugar de fijarse en un solo aspecto, intente ampliar su perspectiva. Por ejemplo, un lugar concreto del patio puede parecer perfecto para cultivar sus ensaladas, pero el muro de hormigón que hay junto a él puede acabar cocinando su planta. Del mismo modo, una fuerte dosis de pesticidas químicos puede acabar con plagas como escamas y pulgones, pero ahuyentar a insectos beneficiosos como abejas, mariposas y mariquitas.

Principio 9: Buscar soluciones naturales

No se enrede buscando soluciones complicadas que le cuesten un ojo de la cara. Recuerde que la naturaleza es su maestra. La clave de todos sus problemas están ante usted en forma de sistemas naturales. Por ejemplo, algo tan sencillo como colocar una maceta de margaritas o umbelas junto a sus plantas frutales y hortícolas ayuda a atraer abejas y otros insectos polinizadores, ¡para que disfrute de una cosecha abundante!

Principio 10: aspirar a una mayor diversidad

Cultivar solo sus alimentos favoritos puede parecer tentador, pero cuanto más diversa sea su colección de plantas, mayores serán los beneficios. Por tanto, adopte la diversidad para crear un ecosistema de jardín más robusto.

Principio 11: Diseño en múltiples dimensiones

Piense más allá. El suelo no es el único lugar donde puede crecer su huerto. Puede sujetar macetas o jardineras a las barandillas de su balcón o fijarlas en las paredes para aprovechar cada centímetro de espacio. Del mismo modo, las cestas colgantes pueden fijarse a las barandillas, las paredes o el techo. Algunas plantas que crecen bien en cestas colgantes son las fresas, el tomillo, las caléndulas y los microgreens.

Principio 12: ¡Aprender, crecer y adaptarse!

La permacultura se basa en una mentalidad positiva y en la resolución de problemas. Nada está escrito en piedra. Experimente cambiando la posición de las plantas o modificando otros factores para encontrar las condiciones óptimas. Aproveche los contratiempos y los obstáculos para afinar la configuración de su huerto. Siga aprendiendo y creciendo con sus plantas.

Los aficionados a la jardinería suelen emplear el término "rusticidad" a la hora de elegir las plantas adecuadas para una zona determinada. La rusticidad se refiere a la tolerancia al frío de una planta, mientras que las zonas de rusticidad describen el clima de una zona en función de la temperatura invernal más baja registrada en ella (las zonas urbanas suelen ser más cálidas que el campo, así que tenlo en cuenta). EE.UU. y Europa se dividen en 13 zonas climáticas según el mapa de zonas de rusticidad de las plantas del Departamento de Agricultura estadounidense. La zona 1 es donde el mercurio desciende hasta -50°F (-45°C), mientras que las temperaturas de la zona 13 apenas bajan de 65°F (18°C).

Aunque normalmente las zonas urbanas están un poco más protegidas y tienen unos grados más de calor en invierno, el sol abrasador del verano puede ser tan perjudicial para las plantas como el gélido invierno. El Mapa de Zonas de Calor clasifica los lugares en función del número de días en que el mercurio sube hasta los 86°F (30°C). La zona 1 incluye áreas donde la temperatura sube a 86°F (30°C) un día al año o menos, mientras que la zona 12 marca lugares donde la temperatura ronda los 86°F (30°C) o más durante más de 210 días.

Cuando vaya al centro de jardinería, verá que las etiquetas indican la resistencia de la planta y la tolerancia al calor. Por ejemplo, un narciso puede tener la etiqueta 3-8, 6-1, lo que significa que florecerá en las zonas de rusticidad 3 a 8 y en las zonas de calor 6 a 1.

El hábitat nativo de una planta ofrece valiosas pistas sobre cómo hacerla florecer. Las plantas de los trópicos no suelen tolerar las oscilaciones térmicas extremas, ya que la temperatura apenas varía en su hábitat natural. Las plantas nativas de climas más fríos soportan bien las fluctuaciones de temperatura mediante estrategias como la caída de las hojas (para evitar la pérdida de humedad) y la modificación de la estructura de su pared celular (para evitar la congelación).

Por el contrario, las superficies cerosas o vellosas de las hojas, como las de las cícadas y la lavanda, o los tallos y hojas suculentos de los cactus y los aloes, ayudan a las plantas a sobrevivir al calor sofocante y a los largos periodos de sequía. Las plantas dependen de las señales ambientales para prepararse para el cambio de estación. Los días más cortos y las noches más frías anuncian la llegada del invierno y activan los cambios fisiológicos necesarios para la supervivencia: la humedad desciende a las raíces, las hojas caen y el crecimiento se ralentiza.

Durante la primavera, cuando los días se alargan y la temperatura sube, las plantas despiertan de un periodo de letargo y reanudan su crecimiento activo. Estos sutiles cambios fisiológicos pueden salvar vidas, pero llevan su tiempo. Por eso, un descenso brusco y repentino de la temperatura durante la noche puede causar daños importantes.

Las plantas que soportan fácilmente los 10°F (-12°C) del invierno pueden sucumbir a una noche de 20°F (-6°C) a principios de diciembre porque no han tenido ocasión de adaptarse. Del mismo modo, los días inusualmente cálidos de la primavera pueden sacar a las plantas del letargo y exponerlas a los daños de la nieve de finales de primavera. Puede encontrar más información sobre su zona y sobre las épocas ideales para plantar descargándote los recursos gratuitos que ofrezco en mi sitio web: www.sophiemckay.com.

Proteger los cultivos tiernos de las olas de frío o las heladas permite cultivar una gran variedad de plantas en climas más fríos. Con las técnicas adecuadas, puede sembrar plantas resistentes a principios de primavera, lo que te permitirá obtener una cosecha más rápida. Aquí tiene algunas formas de proteger las plantas sensibles al frío cuando refresca:

1. Traslade las macetas pequeñas al interior o colóquelas dentro de marcos fríos.
2. Proteja la base del contenedor del frío extremo envolviéndola con plástico de burbujas, una bolsa textil o un saco.

3. Cubra las plantas más grandes con vellón de horticultura o clavos de cristal.
4. Riegue las plantas con moderación.

Plantas resistentes que no necesitan protección

Las variedades de plantas que no son sensibles al frío son la rúcula, la acedera y la lechuga. Estuve ayudando a un amigo mío con la jardinería urbana en el sur de Inglaterra, y nos sorprendió ver que la lechuga punta de flecha bronce y la rúcula seguían creciendo ¡incluso cuando nevaba! Otras plantas que pueden soportar el invierno son la col rizada rusa, el romero, el tomillo, la salvia, el orégano, el cebollino, el perejil y las acelgas. Sin embargo, las hojas de la acelga tienden a ponerse un poco duras durante el invierno.

Aunque plantar variedades resistentes puede reducir el trabajo a la mitad, un marco frío puede potenciar significativamente el crecimiento. Por ejemplo, la lechuga y la rúcula crecen mejor en marcos fríos. Un consejo que suelo dar a los jardineros novatos es que experimenten. Prueba a dejar algunas plántulas de perejil en el exterior y otras en un marco frío. Espera a ver cuáles dan mejores resultados.

Otro punto que debe recordar durante el invierno es regar sus plantas. Aunque no es necesario regarlas con frecuencia, si se olvida por completo, se secarán y morirán. Si su espacio tiene acceso al agua de lluvia, no tiene que preocuparte demasiado.

Principales conclusiones

Las ventajas de la jardinería urbana eclipsan sus pocos inconvenientes. Observar los patrones de viento, sol y sombra le permite evaluar sus puntos fuertes y débiles y planificar en consecuencia. Puede maximizar su espacio utilizando los espacios verticales y buscando soluciones creativas.

Identificar la zona de rusticidad de su zona y comprar o intercambiar plantas adecuadas aumenta sus posibilidades de éxito. Además, proteger las plantas sensibles al frío favorece su crecimiento y garantiza la cosecha incluso en invierno.

Ser consciente de las limitaciones de su espacio, las condiciones locales, el clima y las restricciones de su espacio de cultivo te ayuda a tomar mejores decisiones. Una de ellas es elegir los recipientes adecuados para las plantas. El recipiente que elijas para su planta será su hogar, por lo que es una de las decisiones más importantes que tomarás. Por suerte, en el capítulo siguiente encontrará todo lo que necesita.

CAPÍTULO 2

Elegir los contenedores adecuados

En su centro de jardinería local encontrará una gran variedad de recipientes, lo que le pondrá los nervios de punta a la hora de elegir. Terracota, plástico, resina, madera, cerámica y tela: ¡las opciones son infinitas! Cada variedad ofrece sus propias ventajas. Los recipientes de tela transpirable permiten un drenaje rápido, por lo que son una opción excelente si le preocupa el riego excesivo. Por otro lado, los recipientes de plástico retienen la humedad durante más tiempo, por lo que son perfectos para climas secos.

En última instancia, la elección del recipiente adecuado depende de las preferencias personales y de las necesidades de la planta. Veamos qué ofrecen las distintas macetas.

Tipos de contenedores

Los recipientes para plantas no solo satisfacen las necesidades de sus plantas, sino que también pueden dar un toque de color y estilo a su pequeño jardín. En el mercado hay varios recipientes de distintos materiales. Cada tipo de recipiente tiene sus propias características, que lo hacen adecuado para plantas con necesidades distintas.

Terracota

- Según su tamaño y diseño, pueden ser baratas o caras.
- Son porosas, extraen la humedad del suelo y lo secan.
- Su peso las hace ideales para anclar plantas altas o con mucho peso y resistir fuertes vientos.
- Pueden romperse si se vuelcan debido a una planta pesada o en movimiento.
- Son pesados, lo que dificulta su traslado.
- Deben envolverse con plástico de burbujas para evitar daños por heladas durante el invierno.

Arcilla vidriada

- Cuestan más que las vasijas de barro sin esmaltar, pero siguen siendo bastante asequibles.
- Están disponibles en una gran variedad de colores.
- Retienen bien la humedad.
- Pueden provocar encharcamientos.

Plástico

- Son la opción más barata de contenedores para plantas del mercado.
- Son ligeros, lo que facilita su traslado.
- Son duraderas, baratas y están disponibles en varios colores.
- Retienen bien la humedad y requieren riegos menos frecuentes, por lo que son beneficiosas para las plantas a las que les gustan los "pies mojados".
- Pueden encharcar el suelo por exceso de riego.

Metal

- Según su tamaño y diseño, pueden ser baratas o caras.
- Son duraderos y retienen bien la humedad.
- Tienden a calentarse rápidamente, por lo que son ideales para plantas amantes del calor, como los pimientos, que pueden tener dificultades para crecer en climas más fríos.

- Son excelentes para los cultivos tiernos; sin embargo, las plantas sensibles al calor, como las lechugas, deben envolverse con tela.

Madera

- Suelen ser caros, pero también pueden hacerse con retales.
- Pueden aportar un toque rústico a su jardín.
- Deben revestirse y perforarse para proporcionar un buen drenaje.
- No son muy duraderas, y la madera puede pudrirse, pero puede alargar su vida añadiendo protección interior, como bolsas de compost.

Fibra

- Son asequibles.
- Son muy porosos y transpirables.
- Son excelentes para promover el crecimiento sano de las raíces.
- Se fabrican con papel prensado, coco y cáscaras de otros cereales.
- Muchos envases de fibra pueden añadirse al compost o utilizarse como capa de mantillo en las macetas para limitar la evaporación del agua.
- Se degradan de forma natural, dejando un impacto medioambiental mínimo.

Opciones de contenedores sostenibles

Las opciones anteriores vienen en una amplia gama de colores y estilos para que puedas personalizar su espacio según su estética. Sin embargo, las macetas tradicionales pueden costarte una fortuna. En el caso de las macetas de plástico, también pueden tener un efecto desastroso en el medio ambiente, ya que acaban en los vertederos.

Con un poco de imaginación, puede recortar gastos y reducir el daño medioambiental. Aquí tiene algunas ideas para convertir objetos domésticos o desechos en bonitas macetas:

- **Cubos viejos:** Solo tiene que hacer unos agujeros en el fondo para el drenaje, rellenarlos con tierra y ¡voilá! Ya tiene una nueva maceta para su jardín.

- **Bidones grandes de plástico:** Consulte en los restaurantes de su localidad si están dispuestos a regalar los botes gigantes que se usan para la mayonesa o los bidones de aceite de cocina. Eso sí, asegúrese de lavarlos bien antes de llenarlos de tierra.

- **Cubos de florista:** Consiga algunos en su floristería local.

- **Neumáticos pinchados**: Puede cortarlos por la mitad, hacer agujeros en la parte inferior para el drenaje y utilizarlos como macetas colgantes.

- **Lavabos o bañeras viejos:** Pueden parecer asquerosos, pero son fantásticos recipientes de cerámica para plantas. Además, no les prestarás mucha atención cuando estén rebosantes de deliciosas hojas verdes y flores recién perfumadas. Sin embargo, esta opción puede ocupar mucho espacio, así que opta por ella solo si tiene sitio.

- **Cubos de basura agrietados**: Son buenos siempre que puedan contener la tierra.

- **Botas viejas:** ¿Tiene un par de Doc Martens o botas de lluvia hechas jirones? Llénelas de tierra, haga agujeros en la suela para el drenaje y tendrá una cesta colgante.

¿No le gusta reciclar la basura para su huerto urbano? Aquí tiene otras opciones de contenedores económicos que respetan el medio ambiente y no sobresalen como un pulgar dolorido en su idílico jardín:

1. **Bolsas y cajas de cultivo**

Las bolsas de cultivo están hechas de plástico o tejido transpirable que evita que las plantas se enraícen. Son ligeras y tienen una excelente relación calidad-precio. (Las patatas y los tomates crecen especialmente bien en macetas de tela. Otras plantas que responden bien a estas macetas son las hierbas aromáticas, la lechuga, los arándanos, la berenjena y los tomatillos.

Las jardineras de tela ofrecen una amplia gama de tamaños, algunos de los cuales son tan grandes como las camas elevadas. Son una opción excelente para zonas de cultivo pequeñas con poco o ningún espacio de almacenamiento. Basta con lavarlas, doblarlas y guardarlas después de la cosecha.

También puede crear cajas de cultivo de madera con tablones de madera. Solo tiene que hacer un marco y aumentar la altura de las paredes a medida que crecen sus plantas. No olvide hacer unos agujeros en el fondo para el drenaje.

Figura 2.1: Cajas de cultivo de bricolaje.

2. Bolsas de la compra

Las hierbas aromáticas y las hortalizas prosperan en las bolsas de la compra reutilizables. Elija bolsas blandas con plástico liso en el exterior y tela o franela en el interior. Hierbas, lechugas, patatas, guisantes y tomates crecen bien en estas macetas. El plástico utilizado en algunas bolsas libera sustancias químicas al desintegrarse, así que utilice solo bolsas de supermercado de buena calidad fabricadas con fibras naturales como algodón o bambú en lugar de nailon o poliéster.

3. Balas de paja

Son baratas y fáciles de instalar. Cultivar plantas en balas de paja permite crear un jardín en casi cualquier lugar. Siga añadiendo agua y abono a las balas durante diez días hasta que empiecen a compostarse, y luego plante semillas o transporte sus plantas hasta ellas. Lo mejor de utilizar balas de paja es que no hay que cavar. Además, las balas se desintegran al final de la temporada, lo que da a su jardín un aspecto más natural.

4. Cestas de bambú o yute

Las cestas grandes son excelentes recipientes para cultivar ensaladas y hierbas aromáticas. Puede encontrar cestas grandes de yute o bambú en tiendas de segunda mano o en ventas de garaje. Puede forrarlas con musgo o tela ligera para que retengan el agua. Asegúrese de hacer agujeros en el fondo para el drenaje.

5. Cestas colgantes

Las lechugas, las hierbas aromáticas, las fresas, los tomates de rastrojo y las verduras de ensalada adoran las cestas colgantes. Sin embargo, estos recipientes pueden secarse rápidamente en un día ventoso. Una solución eficaz a este problema es utilizar cestas de coco forradas con tela o musgo y comprobar los niveles de humedad a lo largo del día. También puede utilizar el riego por goteo con botella para proporcionar la cantidad ideal de agua a sus plantas. Si vive en un clima cálido, lo mejor es mantener las cestas a la sombra durante el mediodía.

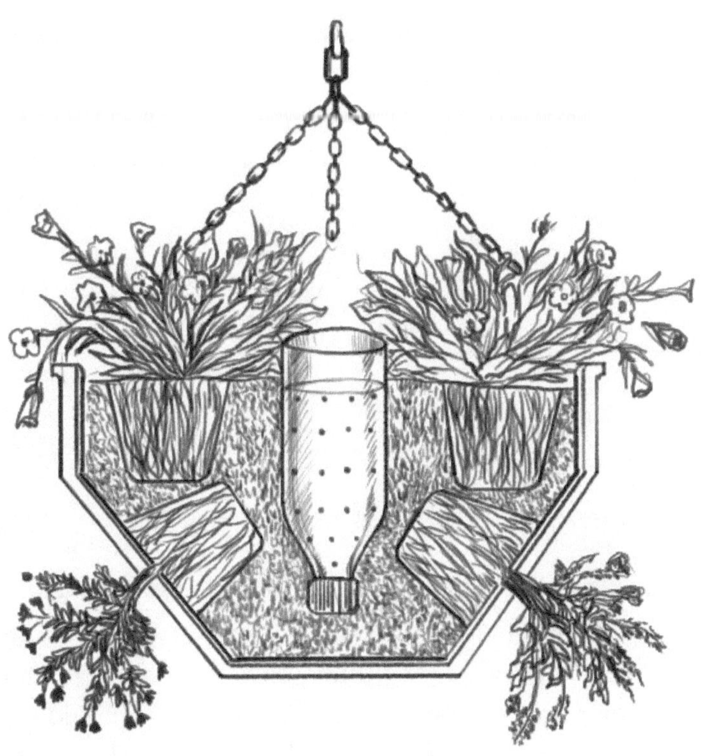

Figura 2.2: Cesta colgante de autorriego.

Elegir el tamaño adecuado

Lo ideal es que el tamaño del contenedor dependa de la altura y el cepellón de la planta. Las plantas más altas y pesadas requieren recipientes más grandes para evitar que se caigan. Sin embargo, hay varios factores que entran en juego a la hora de elegir el tamaño adecuado de contenedor. Por lo general, los recipientes más grandes son los más adecuados porque retienen mejor la humedad. Los recipientes pequeños son más fáciles de mover, pero se secan con rapidez.

¿Cuáles son los tamaños estándar de las macetas?

Tamaños de maceta (pulgadas)	Tamaños de maceta (cm)	Maceta equivalente (U.S.Gallons) *	Plantas adecuadas	Tierra necesaria (litros y peso)
4" maceta	10 cm	0.125 gallon	Plantas de vivero / Plantones	0.01 ft3 / 0.28 l / 0.137 lbs
5-6" maceta	13-15 cm	0.25 gallon	Suculentas pequeñas / 1 anual	0.03 ft3 / 0.85 l / 0.27 lbs
7-8" maceta	17-20 cm	1 gallon	Suculentas grandes / 2 anuales	0.13 ft3 / 3.7 l / 1.1 lbs
10" maceta	25 cm	3 gallon	Hierbas pequeñas, como cebollino / hasta 3 plantas anuales	0.40 ft3 / 11.3 l / 3.3 lbs
12" maceta	30 cm	5 gallon	Lechuga, espinacas, fresas	0.66 ft3 / 18.7 l / 5.5 lbs
14" maceta	36 cm	7 gallon	Hierbas más grandes como el romero	0.94 ft3 / 26.6 l / 7.7 lbs
16" maceta	40 cm	10 gallon	Arbustos pequeños / frutos pequeños como la frambuesa	1.33 ft3 / 37.6 l /11 lbs
18" maceta	46 cm	15 gallon	Hortalizas como tomateras / mezcla de plantas anuales	2.00 ft3 / 56.6 l / 16.5 lbs
24" maceta	61 cm	25 gallon	Arbustos de hoja perenne / árboles enanos	3.34 ft3 / 94.5 l / 27.5 lbs
30" maceta	76 cm	30 gallon	Plantas más grandes: frutales de huerto como las manzanas	4.00 ft3 / 113 l / 30 lbs

*Todas las cifras son estimaciones y las especificaciones exactas dependen en gran medida del fabricante

Las macetas poco profundas, de 15 cm, son adecuadas para las lechugas, las hierbas anuales de hoja verde y la rúcula. Las zanahorias, las espinacas, las acelgas, los pimientos y las hierbas perennes como el romero prosperan en macetas de 22 cm de profundidad, mientras que una profundidad de 28 cm es adecuada para la mayoría de las demás plantas.

Algunos jardineros sugieren macetas de 15 cm de profundidad para muchas plantas anuales; sin embargo, según mi experiencia, las plantas parecen sufrir. Esto ocurre sobre todo si el recipiente no solo es poco profundo, sino también de poca anchura, lo que significa que retendrá menos agua y nutrientes. En cuanto a las jardineras, una profundidad y una anchura de 20 cm proporcionarán espacio suficiente para el crecimiento de las raíces.

Una vez que haya decidido el material, el tamaño y el color de sus macetas, es hora de decidir qué va a plantar. Si no sabe qué plantar, la siguiente tabla le ayudará a decidirse.

Elegir qué cultivar

Tipo de contenedor	Plantas
Grande (18″ - 20″/45 cm - 50cm)	Tomates, pepinos en rama, arándanos, judías verdes, guisantes, tomatillos
Mediana (10″ - 18″/25cm - 45cm)	Pimientos, judías arbustivas, pepinos arbustivos, guisantes, acelgas, apio, lechugas, espinacas, remolachas, brécol, coles, zanahorias, berenjenas
Pequeño (6″ - 10″/ 15cm-25cm)	Rúcula, Lechugas, Rábanos, Espinacas, Col, Cebolla verde
Contenedores colgantes	Fresas, Hierbas, Lechuga, Espinacas
Jardineras	Remolachas, Fresas, Judías verdes, Rábanos, Cebolla verde, Apio, Hierbas aromáticas, Flores

Figura 2.3: Encontrar el tamaño de maceta adecuado para cada planta.

Una forma sencilla de empezar a cultivar un huerto en casi cualquier lugar es utilizar bolsas de cultivo. No solo son baratas y una forma estupenda de ahorrar espacio, sino que también ayudan a evitar el riego excesivo al permitir que el exceso de agua pase fácilmente a través del tejido. Además, son fáciles de guardar y se pueden reutilizar con solo lavarlas y secarlas.

A diferencia de los contenedores, las bolsas de cultivo son menos asfixiantes para las raíces de las plantas, ya que les proporcionan espacio suficiente para respirar. Otra razón por la que me encanta utilizar bolsas de cultivo para mi huerto en macetas es que se pueden mover y recolocar con facilidad. A pesar de sus numerosas ventajas, el uso de sacos de cultivo tiene algunas desventajas que conviene tener en cuenta antes de elegirlos para cultivar determinadas plantas.

Por ejemplo, requieren un riego más frecuente que las macetas tradicionales debido a su rápido drenaje. Así que puede que tenga que emparejar los sacos de cultivo con depósitos de riego o utilizar ollas para plantas que requieren altos niveles de hidratación, como tomates y calabazas. Además, los sacos de cultivo grandes pueden ser difíciles de mover una vez que están llenos de tierra. Los sacos de cultivo también requieren aplicaciones más frecuentes de fertilizante para reponer los nutrientes perdidos.

Ahora que ya conoce las múltiples ventajas y las pocas limitaciones del uso de bolsas de cultivo, pasemos a mis cuatro consejos principales para elegir la bolsa de cultivo perfecta para sus plantas.

1. Combine su bolsa de cultivo con las plantas adecuadas

Dado que las bolsas de cultivo pueden limitar el tamaño de las raíces y la disponibilidad de agua, no son la mejor opción para algunas plantas. Por lo general, las plantas tupidas y compactas suelen ir mejor en bolsas de cultivo que las enredaderas. Del mismo modo, las variedades enanas y las versiones más pequeñas de plantas de tamaño natural son ideales para las bolsas de cultivo.

Algunas plantas adecuadas para las bolsas de cultivo son la rúcula, los rábanos, la lechuga, la col rizada, los pimientos, las fresas, las patatas, las zanahorias, las berenjenas, los pepinos y las remolachas. Las hierbas aromáticas que prosperan en las bolsas de cultivo son el cilantro, el orégano, el perejil, el tomillo, el romero, el eneldo, la albahaca, la salvia y la caléndula.

2. Utilice ollas o bolsas de auto-riego para las plantas amantes de la humedad

Las bolsas de cultivo autorriego contienen un depósito de agua en la base que proporciona un suministro constante de humedad a las raíces. Del mismo modo, las ollas son pequeñas macetas de barro que pueden llenarse de agua y enterrarse en el suelo para mantener las plantas bien hidratadas. Esto es crucial para las plantas con grandes necesidades de humedad, porque la tierra de las bolsas de cultivo tiende a secarse más deprisa que la de las macetas.

3. Elija el tamaño adecuado

Hay bolsas de cultivo de distintos tamaños. Las bolsas de cultivo extrapequeñas suelen contener hasta 7,5 litros de tierra, por lo que son perfectas para hierbas como la albahaca, el romero, el tomillo y la salvia, y muchas verduras como cebollas de verdeo, rábanos, acelgas, rúcula, lechuga y col rizada. Los armarios de cultivo pequeños suelen contener hasta 11 litros de tierra, lo que los convierte en una buena opción para hierbas aromáticas como el perejil, el cilantro y el eneldo, así como para frutas y verduras como zanahorias, fresas, remolacha, apio y colinabo.

Las bolsas de cultivo medianas tienen capacidad para 19 litros de tierra, lo que las hace ideales para cultivar hierbas aromáticas como hierba limón, jengibre y cúrcuma. Además, las bolsas de cultivo medianas son ideales para muchas hortalizas, como quimbombó, pepinos, berenjenas, pimientos y judías. Por último, las bolsas de cultivo grandes pueden contener 38 litros de tierra y utilizarse para cultivar tomates y batatas.

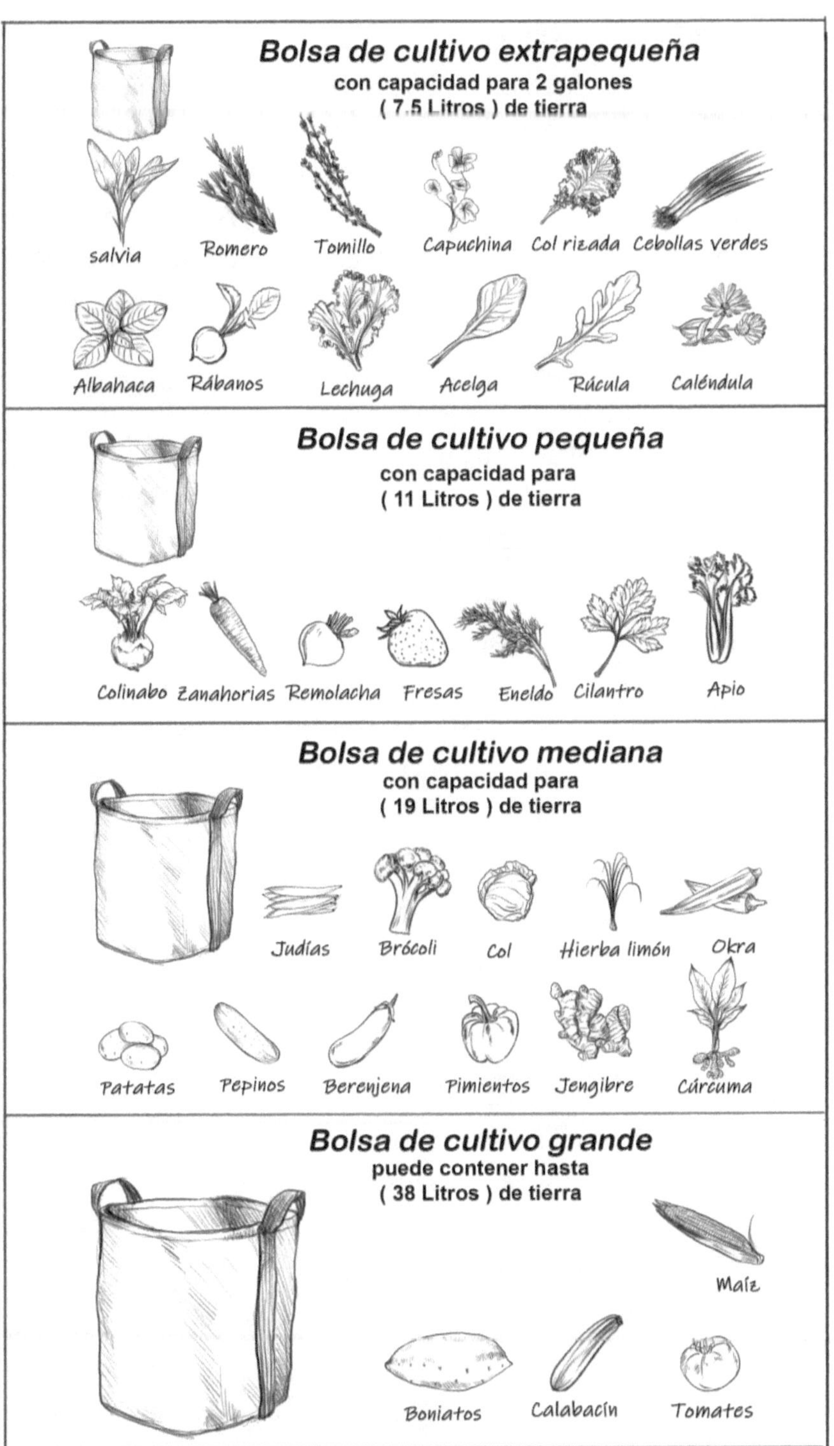

Figura 2.4: Tamaños de bolsas de cultivo con plantas sugeridas.

4. Utilizar la tierra adecuada

Recuerde que la tierra de jardín normal no es la mejor opción para los sacos de cultivo, ya que suele ser bastante pesada. Encerrada en un saco de cultivo, la tierra de jardín puede comprimirse. Una mezcla de vermiculita, fibra de coco o musgo de turba y compost mantiene la tierra ligera y aireada, proporcionando a las plantas acceso a una gran cantidad de oxígeno.

Macetas autorriego DIY

Recuerdo la primera planta que me regalaron mis padres. Tenía nueve años y ayudaba a mis padres y abuelos en el jardín. Con la pequeña araña en la mano, pensé que cuidarla sería pan comido.

Me sentí muy orgullosa de la planta, que prosperó durante las primeras semanas en mi habitación. Un día me di cuenta de que las hojas en forma de lazo estaban algo flácidas y decidí animar a mi pequeña amiga verde con una buena dosis de sol. Así que la coloqué en el balcón bajo el sol, la regué generosamente para que la tierra no se secara y me olvidé de ella.

Al caer la tarde, mi planta parecía estar bien en el exterior. La examiné una vez antes de irme a dormir, le di otro trago y, al despertarme a la mañana siguiente, la encontré muerta. Mi confianza cayó en picado al ver las hojas marrones y marchitas. Mis padres examinaron la planta y me explicaron que la había regado demasiado.

Si hubiera sabido lo difícil que es regar bien las plantas, incluso para los jardineros experimentados, probablemente no habría sido tan dura conmigo misma. El riego excesivo puede provocar la pudrición de las raíces, que adquieren un aspecto blando y pastoso. Como consecuencia, la planta se queda sin oxígeno y muere.

No regar lo suficiente también puede resultar letal, ya que la planta empieza a marchitarse y deja de crecer, lo que acaba provocando su muerte. Las macetas de autorriego son una solución ingeniosa a este problema. Puede crear fácilmente una maceta autorriego colocando un depósito de agua debajo. Una mecha, con un extremo enterrado en la tierra y el otro sumergido en agua, aspira el agua hacia arriba.

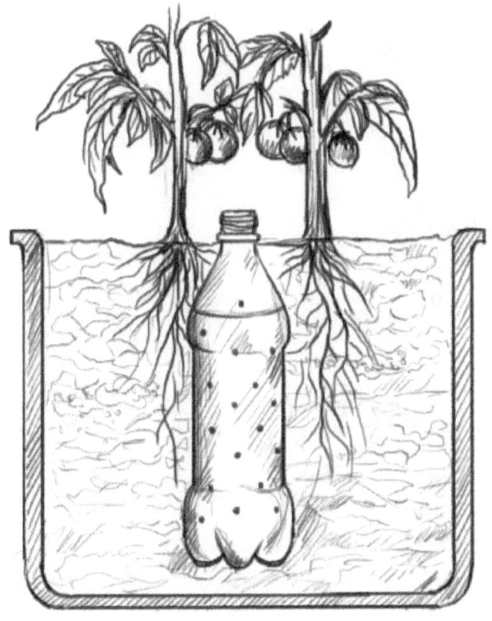

Figura 2.5: Recipiente de autorriego.

También puede hacer pequeños agujeros en un vaso de plástico, llenarlo de tierra y colocarlo en el depósito de agua. Coloque encima una malla o tela metálica fina con un orificio para el vaso y rellénela de tierra. El agua se filtrará en la tierra del vaso a través de los pequeños agujeros y subirá hasta la tierra de la planta. Siga rellenando el depósito y no tendrá que preocuparse nunca de que su planta pase sed o reciba un riego excesivo.

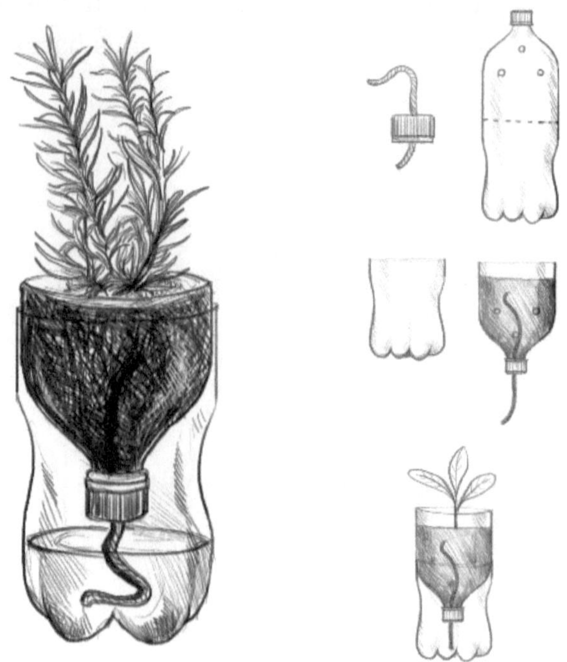

Figura 2.6: Un sencillo método de bricolaje para crear una maceta de autorriego.

Maceteros de barril DIY

¿Ha pensado alguna vez en reciclar barriles de plástico para convertirlos en macetas? Le sorprenderá lo eficaces que son para ahorrar espacio. Los barriles de plástico vacíos pueden convertirse fácilmente en jardineras verticales para plantas pequeñas. Lo ideal es utilizar un barril de plástico de 200 litros (55 galones). Limpie el barril a fondo y haga cortes de 12,7 cm (5 pulgadas) con un cuchillo o un taladro. En estas aberturas plantará las plántulas. Prepare una tubería de PVC haciendo agujeros de 1 a 2,5 cm a lo largo de toda su longitud. Servirá de sistema de riego y suministrará agua a las plantas.

Figura 2.7: Las fresas prosperan en las jardineras de barril.

No olvide hacer unos agujeros de drenaje en el fondo del barril. Llene la maceta de tierra e inserte un tubo de PVC en el centro, que suministrará agua a las plantas. Esparza las semillas en las rendijas o trasplanta las plántulas. Estas macetas son perfectas para hierbas aromáticas, guindillas, fresas y otras plantas pequeñas.

Cámara Frigorífica DIY

Un marco frío puede ayudar a sus hortalizas y hierbas a sobrevivir a las duras condiciones invernales. También se utilizan tradicionalmente para endurecer las plantas cultivadas en el interior o en un invernadero en primavera, antes de plantarlas en el suelo o en contenedores definitivos. Los marcos fríos son en sí mismos como pequeños invernaderos que dejan pasar la luz del sol a través de una parte superior transparente, lo que mantiene la temperatura templada.

Esto atrapa el calor en el interior, manteniendo las plantas calientes y protegidas. Además, las plantas encerradas en un marco frío no necesitan ser regadas tan a menudo, ya que la caja retiene un alto nivel de humedad.

Puede comprar una cámara frigorífica comercial o construir una con trozos de madera. Para la base, puede utilizar cajas de madera que tenga por casa, por ejemplo, cajas de vino. También puede unir tablones para hacer estructuras rectangulares. Apile estas estructuras una encima de otra hasta que la estructura se ajuste a la altura de su planta.

Para el último marco, tenemos que crear una pendiente. Corte uno de los tablones longitudinalmente hasta la mitad de su anchura; este se fijará a la parte delantera del rectángulo. Mida la anchura del tablón. Utilice la medida para marcar un punto de corte en uno de los extremos de los dos tablones que formarán los laterales. Con la ayuda de los puntos, haga una línea diagonal y sierre a lo largo de esta línea, creando una pendiente. Por último, clave los tablones.

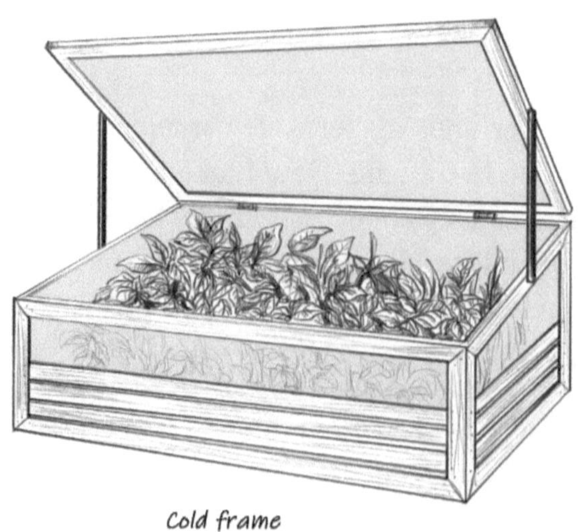

Figura 2.8: Los chasis frigoríficos de bricolaje alargan el periodo vegetativo.

Puede cubrir el marco con plástico transparente o cristal. Según prefiera, puede equilibrar la lámina de plástico o cristal en la parte superior o fijarla con bisagras. Esto último dará más protección a las plantas, sobre todo durante las tormentas, si su marco frío se encuentra en una zona que no esté resguardada. Por último, forrar la base con plástico puede ayudar a mantener los niveles de humedad al recoger la escorrentía.

Principales conclusiones

Hay macetas de distintos tamaños, colores y formas, para que pueda personalizar su jardín a su gusto. El recipiente que elija para su planta puede influir en su salud y crecimiento. Elija las macetas en función de las necesidades de su planta. Si no tiene mucho dinero o le preocupa el impacto medioambiental de su decisión, recicle los recipientes que tenga por casa o apuesta por otras opciones sostenibles.

Si tiene problemas para regar correctamente, busque macetas con autorriego. Estos ingeniosos diseños de macetas son fáciles de construir y un salvavidas para los propietarios de plantas a los que les gusta viajar. Construir unos cuantos marcos fríos puede ayudar a sus plantas a enfrentarse a los inviernos gélidos sin dejar de proporcionar una modesta cosecha.

Una buena tierra es la base de una planta sana. En el próximo capítulo veremos cómo preparar la tierra adecuada. Puede parecer nada más que tierra, pero es el sustento de sus plantas y proporciona gran parte de los nutrientes que comerás. Averigüemos por qué es tan importante.

CAPÍTULO 3

Su suelo decide su botín

Imagine construir una casa con cimientos débiles: estaría destinada al derrumbe. Puede que no piense en la tierra que hay bajo sus pies, pero es crucial para proporcionar nutrición a las plantas. Las mantiene ancladas y les proporciona el apoyo necesario para crecer erguidas. Un suelo de buena calidad también es crucial para una cosecha abundante. El suelo fértil tiene tres características destacadas: buena estructura, alto contenido en nutrientes y rica vida biológica.

Conceptos básicos sobre el suelo vegetal

Ya tiene su recipiente listo y está deseando empezar a cultivar sus propios alimentos. Pero, espera, ¿dónde cultivará sus plantas? ¿Simplemente sacará un poco de tierra del exterior? ¿Será suficiente? ¿O comprará una bolsa de mezcla para macetas en el centro de jardinería?

Los jardines en contenedores son mi tipo favorito por la versatilidad que ofrecen. Son perfectos para patios, porches, balcones e incluso los espacios más pequeños iluminados por el sol. Uno de los factores más importantes para el éxito de su huerto en macetas es contar con un buen sustrato. En el mercado encontrará una gran variedad de tierras y mezclas para macetas, pero creo que la mejor tierra para macetas es la que preparas con sus propias manos.

Mezclar a mano su propia tierra para macetas no solo tiene una excelente relación calidad-precio, sino que también le permite personalizar la tierra según las necesidades de sus plantas. Además, nunca tendrá que preguntarse qué contiene la tierra para macetas, porque usted elige los ingredientes.

Tierra para macetas Vs. Mezcla para macetas

Es posible que haya visto que los términos "tierra para macetas" y "mezcla para macetas" se utilizan indistintamente, pero hay una gran diferencia entre ambos: la tierra para macetas incluye tierra, mientras que la mezcla para macetas no. La tierra para macetas puede ser difícil de trabajar porque puede compactarse demasiado debido al exceso de tierra. Una tierra demasiado densa o compacta corta el aire y dificulta la circulación del agua, asfixiando las raíces y privando a la planta de humedad.

Tierra para macetas

La tierra para macetas es adecuada para la jardinería de interior o exterior para el cultivo de hortalizas y hierbas. La formulación de la tierra para macetas ofrece resultados sorprendentes para la salud de plantas y hierbas. El musgo de turba, el compost de setas y la vermiculita son algunos de los elementos presentes en la tierra para macetas que garantizan el máximo crecimiento.

Mezcla para macetas

La mezcla para macetas, un tipo de sustrato sin tierra, estimula el crecimiento de las plantas mediante una combinación de compuestos ricos en nutrientes. Entre ellos se encuentran la materia orgánica, la corteza de pino, el musgo de turba, la vermiculita y la perlita. Las partículas de gran tamaño de la mezcla para macetas proporcionan una excelente aireación. Su textura ligera facilita la penetración de las raíces. Además, los cultivadores de plantas pueden personalizar fácilmente el sustrato para adaptarlo a las necesidades específicas de sus plantas en las distintas fases de crecimiento.

¿Qué elegir?

La mejor tierra para su huerto en macetas es la que ofrece una buena aireación, un drenaje adecuado y un pH neutro o ligeramente ácido. Tanto la tierra para macetas como las mezclas para macetas ofrecen estas características, pero yo personalmente me inclino por la mezcla para macetas. Las mezclas para macetas están repletas de materia orgánica, como compost, virutas de corteza y musgo de turba, que aportan un excedente de nutrientes.

Las mezclas para macetas complementadas con vermiculita o perlita deberían ser su mejor elección por su buena capacidad de retención de agua y su buena aireación. Las mezclas sin vermiculita son ideales para las hierbas, que no suelen marchitarse si la tierra se seca. Las mezclas sin tierra son ideales para macetas grandes que haya que trasladar, por su menor peso. Por último, las mezclas para macetas están esterilizadas, lo que reduce las posibilidades de enfermedades.

Los ingredientes mágicos

Una tierra para macetas ligera y aireada que retenga la humedad y los nutrientes es la clave del éxito de la jardinería en macetas. Veamos algunos materiales que puede añadir a su sustrato casero para mejorar la fertilidad de la tierra.

Compost maduro

El compost casero es su mejor opción, pero también puede comprar compost orgánico en el centro de jardinería. Mezclar dos partes de compost con la mezcla o la tierra para macetas puede aumentar la concentración de nutrientes. Sin embargo, es importante pasar el compost por un tamiz para eliminar los trozos grandes antes de añadirlo a la mezcla. Más adelante hablaremos de cómo hacer el mejor compost posible en espacios reducidos.

Turba de coco

Añadir una parte de coco o turba de coco aumenta la retención de humedad y mejora la circulación del aire. Es una opción estupenda y ecológica hecha con cáscaras de coco que hay que remojar y separar antes de añadirlas a la tierra.

Vermiculita y perlita

Se trata de partículas superligeras derivadas de la roca volcánica. Si se añade una parte de vermiculita o perlita, el suelo adquiere excelentes propiedades de retención de agua. Estos compuestos naturales son estériles y una gran adición a la tierra de sus plantas. Elija los compuestos etiquetados como "grado 3", con partículas de entre 3 y 6 mm de tamaño.

Tanto la vermiculita como la perlita favorecen el rápido crecimiento de las raíces y mantienen las nuevas raíces firmemente ancladas. Algunas perlitas y vermiculitas contienen fertilizantes químicos como Miracle-Gro. Asegúrese de comprarlas sin estos aditivos. Puede utilizar arena como sustituto, pero elija siempre arena de jardín en lugar de arena de construcción o de juego, ya que puede contener impurezas como la sal.

Humus de lombriz

Puede comprar humus de lombriz o hacer su propio lombricompost (consulta el capítulo 3 para montar su propia granja de lombrices). Añadir una taza de humus de lombriz puede enriquecer la tierra con minerales como magnesio, calcio, fósforo y potasio. Como resultado, aumenta la capacidad de retención de agua de la tierra, lo que la hace perfecta para hortalizas y otras plantas. No puede equivocarse con la cantidad de humus de lombriz que utilice, ya que no es perjudicial para las plantas, ni siquiera en grandes cantidades.

A continuación, aprenderemos más sobre la nutrición de las plantas. Veremos distintas formas de mejorar la fertilidad del suelo y aprenderemos a fabricar nuestra propia tierra. La siguiente parte contiene consejos prácticos y trucos para hacer florecer su huerto en macetas. Así que, ¡manos a la obra!

Necesidades nutricionales

Los factores que determinan la calidad del suelo son la actividad biológica, los nutrientes y la textura. Un suelo bien aireado y con buen drenaje proporciona los máximos beneficios a las plantas. La tierra para macetas es un medio de cultivo estéril que evita la compactación. Se pueden utilizar varios aditivos para potenciar las propiedades beneficiosas de la tierra, como perlita, vermiculita, coco y compost. No es tan complicado como parece: ¡te guiaré paso a paso!

Mi momento favorito del día es cuando paseo por mi pequeño huerto y dejo que las frutas y verduras vibrantes y rollizas me llamen la atención. El delicioso aroma del romero y el tomillo inunda el aire. Echo un vistazo a los tomates rojos brillantes y a las berenjenas lustrosas y empiezo a pensar en el menú del día. La visión de naranjas jugosas o col rizada verde y fresca en su huerto urbano seguro que te hace rugir el estómago, pero no puede esperar comida fresca en abundancia sin proporcionar a sus plantas una nutrición adecuada.

Lo que más me gusta de la jardinería es sentir la tierra en las manos. Me encanta el olor a almizcle, la tierra bajo mis uñas y la tierra blanda y desmenuzada en mis palmas. Veamos cómo preparar el mejor alimento para sus plantas. Así que, ¡prepárese para ensuciarse las manos!

Cómo preparar la tierra para su huerto en macetas

Al final, el éxito de la jardinería se reduce a la preparación del suelo. Proporcione a sus plantas la mezcla adecuada y prosperarán. Si ignora la tierra, obtendrá plantas frágiles e improductivas, vulnerables a todo tipo de enfermedades y plagas.

¿En qué consiste la mezcla perfecta para macetas? Cada jardinero sigue su propia receta secreta, como las abuelas italianas que tienen su propia forma de hacer la salsa de tomate. En el capítulo anterior, establecimos que una buena tierra para macetas tiene que ser ligera y drenar bien. Debe contener suficiente materia orgánica para proporcionar constantemente humedad y nutrientes a las plantas, incluso cuando el tiempo es seco y caluroso.

En general, los cultivadores de plantas no prefieren la tierra ordinaria de jardín para las macetas porque suele ser demasiado pesada y estar llena de semillas de malas hierbas, plagas y enfermedades. El proceso de crear su propia tierra es muy gratificante.

Conocer el contenido exacto de la tierra te da más control para satisfacer las necesidades específicas de su planta.

Normalmente, una buena receta de tierra para macetas contiene una mezcla de tierra estéril de jardín, musgo de turba, arena y otros aditivos. Veamos algunas recetas probadas para preparar tierra para macetas adaptadas de Planet Natural Research Center.

Mezcla clásica a base de tierra

Musgo de turba o compost maduro	1 parte
Tierra vegetal	1 parte
Arena de construcción limpia o perlita	1 parte

La materia orgánica de la receta anterior proporciona estructura, mientras que la arena mejora el drenaje. También puede añadir un fertilizante equilibrado de liberación lenta para obtener más beneficios.

Mezcla sin suelo Cornell

Turba o fibra de coco	75 l (2,7 pies cúbicos)
Perlita	75 l (2,7 pies cúbicos)
Harina de huesos	0,9 kg
Piedra caliza molida	0,45 kg (1 lb)
Harina de sangre	0,45 kg (1 lb)

La mezcla sin tierra anterior se creó específicamente en la Universidad de Cornell para cultivadores comerciales; sin embargo, los jardineros domésticos pueden adaptarla fácilmente.

Mezcla de tierra para arriates y grandes contenedores

La siguiente receta es para camas elevadas / contenedores grandes de 1,25 x 2,5 m (4 pies por 8 pies) y 30 cm (un pie) de profundidad.

Turba de oro negra	5 bolsas (11 pies cúbicos o 300 l)
Compost orgánico de Teufel	4 bolsas (4 pies cúbicos o 110 l)

Lombrices	4 bolsas (4 pies cúbicos o 110 l)
Estiércol de pollo ecológico	3 sacos (3 pies cúbicos u 80 l)
Vermiculita Therm-O-Rock	2 bolsas (4 pies cúbicos o 110 l)
Azomita	1,5 - 2,5 kg (3 - 6 lbs)
Harina de algas	0,5 - 1 kg (1 - 2 libras)
Harina de concha de ostra	1,5 - 2,5 kg (3 - 6 lbs)
Abono multiuso	2 - 4 lbs (1 - 1,8 Kg)

Extienda una lona grande en el suelo y mezcle todos los ingredientes sobre ella antes de empezar a rellenar los bancales. Esto evitará la formación de bolsas de turba, estiércol u otros ingredientes y mantendrá el desorden contenido. Si las cantidades le parecen demasiado grandes, utilice las proporciones indicadas con cantidades más pequeñas.

Mezcla para macetas de uso general

Aquí tiene una sencilla receta de mezcla para macetas que puede utilizar para casi cualquier recipiente:

Compost maduro	2 partes
Vermiculita	1 parte
Arena gruesa de construcción	1 parte
coco	1 parte

La vermiculita aumenta la porosidad, mientras que la arena garantiza un buen drenaje. La fibra de coco ayuda a retener el agua y el compost aporta una cantidad suficiente de nutrientes. Si lo desea, puede utilizar su propio compost de lombriz para esta receta. Sin embargo, tenga en cuenta que una cantidad elevada de compost puede hacer que la tierra sea demasiado densa, lo que puede afectar a la capacidad de la planta para absorber nutrientes.

Puede añadir tierra de jardín o compost viejo a la mezcla si lo deseas, añadiendo ⅓ de compost nuevo con ⅔ de tierra o ⅓ de compost nuevo a una mezcla de compost viejo, fibra de coco y arena. Añadir paja picada puede aligerar el compost, si su mezcla para macetas resulta demasiado pesada.

Por último, a la hora de preparar la mezcla, tenga en cuenta que las necesidades nutricionales varían según las plantas. Las hierbas prefieren una tierra más ligera, lo que puede conseguirse añadiendo más arena a la mezcla. Los tomates, por su parte, crecen bien en abono normal.

Preparación del suelo en el jardín

Si trabaja con un terreno pequeño, tendrá que preparar la tierra antes de plantar. En el capítulo anterior he mencionado que la tierra limosa es la mejor para una gran variedad de plantas. Unos pocos afortunados tienen la suerte de encontrar un suelo limoso en sus tierras, lo que les facilita la tarea de cultivar un huerto. Para los que no somos tan afortunados, aquí tiene los pasos que debe seguir para mejorar la calidad del suelo.

Paso 1: Levantar la tierra

- Utilice una horquilla de jardín para aflojar la tierra. Esto permitirá que el aire y el agua penetren mucho más profundamente.
- Evite remover la tierra. Esto puede crear más problemas más adelante, provocando la aparición de más malas hierbas.

Paso 2: Añadir periódicos, cartón, sábanas viejas o textiles orgánicos

- Esparza estos objetos por el suelo. Con el tiempo se descompondrán, añadiendo materia orgánica que retendrá la humedad, bloqueará la luz solar y matará las malas hierbas.

Paso 3: Añadir estiércol

- Añada nutrientes como estiércol de vaca, caballo, gallina o pato. Puede utilizar estiércol fresco de pollo y conejo, pero los excrementos de vaca, oveja y cabra son más adecuados si han envejecido o pasado por un proceso de compost.

Paso 4: Añadir mantillo

- Añada al suelo cualquier material orgánico, como heno, recortes de hierba, ramas de poda de otras plantas o malas hierbas arrancadas.

- Asegúrese de secar las malas hierbas antes de añadirlas al mantillo, para que no arraiguen en el compost. Para matar las semillas de malas hierbas, puede probar a compostar en caliente (manteniendo una temperatura de 130 a 140ºF o de 54 a 60ºC) y librar el suelo de futuras malas hierbas.

Mantillo de lasaña

Para contenedores grandes y bancales elevados, los jardineros pueden utilizar el método del mantillo de lasaña. Este método crea una rica capa de tierra vegetal en poco tiempo sin necesidad de labrar la tierra. El proceso consiste en añadir capas de materiales orgánicos que se descomponen con el tiempo, creando una tierra rica y esponjosa que ayuda a sus plantas a florecer. Cuantos más materiales diversos utilices, más rico será su suelo.

Método

1. Añada una capa de estiércol, enriqueciendo el suelo con nutrientes que propiciarán la rápida descomposición de las capas siguientes.

2. Añada una capa de cartón o papel de periódico.

3. Esparza paja o heno mezclados con otros materiales que sirvan de mantillo, como hojas, restos de fruta y verdura, posos de café, hojas de té, bolsitas de té, recortes de hierba, algas, agujas de pino o estiércol.

4. Forme una pila de 20 cm de grosor.

5. Esparza heno o paja por encima como última capa.

Si tiene un contenedor grande, o incluso un arriate elevado, también puede colocar ramas y otros materiales a base de madera debajo de las capas. Como toda la materia orgánica, la madera se descompone lentamente en el suelo y actúa como fuente constante de nutrición, fertilizando las plantas durante varios años.

Puede plantar inmediatamente en su bancal de lasaña, y la tierra mejorará con el tiempo. Para mantener la fertilidad del suelo, tendrá que seguir añadiendo "capas" cada año.

Figura 1.10: Contenedor grande con estructura de lasaña.

Cómo hacer su propio compost

El compost es la descomposición de la materia orgánica, creando un abono rico en nutrientes para las plantas. Añadir compost a la mezcla para macetas proporciona a las plantas acceso a una amplia gama de nutrientes que los fertilizantes químicos no aportan. Algunos ejemplos de residuos orgánicos compostables son los restos del jardín y las peladuras de verduras crudas.

Además de mejorar la vitalidad del suelo, el compost en zonas urbanas crea un entorno limpio al controlar la población de roedores.

Reduce la cantidad de residuos orgánicos, cortando su suministro de alimentos.

Puede empezar a compostar fácilmente con cosas de su cubo de la cocina o de su patio trasero. Coja algunas hojas de su jardín o restos de comida de su cocina y colóquelos en un cubo viejo o en un cubo de basura. Añada una proporción de 1:2 de nitrógeno (frutas y verduras o residuos verdes del jardín) a fuentes de carbono (hojas, cartón o madera).

La mezcla suele contener suficiente humedad, pero aun así tendrá que regarla de vez en cuando. Al apretarlo, el compost debe parecer una esponja húmeda (no empapada). Es importante comprobar periódicamente el progreso del compost. Asegúrese de que haya una circulación de aire adecuada. La mezcla debería desprender un olor a tierra al cabo de unos días. Un olor acre y desagradable podría ser señal de que algo está desequilibrado y las bacterias equivocadas han tomado el control. Si esto ocurre, puede añadir papel triturado para absorber el exceso de agua, añadir más marrones y girar el compost para mejorar la circulación del aire. Lo ideal es que el olor desaparezca en algún tiempo, una vez que hayas reajustado el equilibrio. En tres meses, su compost debería parecerse a la tierra.

Ingredientes

- *Vegetales:* Se trata de restos de comida como cáscaras de frutas y verduras, posos de café, malas hierbas, césped, estiércol y bolsitas de té. Estos elementos son una rica fuente de nitrógeno.
- *Marrones: Consisten* en sus fuentes de carbono, incluyendo hojas secas, papeles triturados, paja, musgo de turba, coco y virutas de madera. El carbono permite un flujo de aire suave y evita el apestoso hábito de putrefacción de los materiales ricos en nitrógeno.

Figura 1.11: Diferentes fuentes para fabricar compost.

Materiales a evitar

Puede tener la impresión de que puede tirar prácticamente cualquier cosa a su pila de compost, pero no es así. Evite la carne, los huesos, el pescado, las aves y los alimentos cocinados, que pueden atraer a gatos, perros y alimañas. Los aceites y el queso no son buenos materiales compostables, mientras que las heces de gatos y perros pueden hacer proliferar organismos patógenos. Las raíces y los rizomas pueden afianzarse en el suelo, así que es mejor evitarlos.

Si el pH le parece demasiado ácido, puede añadir cenizas de madera a la pila para hacerla más alcalina. Sin embargo, las cenizas de carbón y de col no son recomendables porque contienen grandes cantidades de hierro y azufre que pueden dañar las plantas. Evite el papel con tintas de colores, que en algunos casos raros puede filtrar metales pesados venenosos a su compost. Evite también los restos vegetales sospechosos, como hojas descoloridas que puedan ser portadoras de enfermedades.

Método

1. Coja un cubo grande o un recipiente de plástico con una tapa hermética o algo que cubra la parte superior.
2. Taladre de ocho a diez agujeros pequeños en la parte inferior para garantizar la circulación del aire.
3. Llene ⅛ a ¼ del cubo de compost con ingredientes marrones. Asegúrese de cortar todo en trozos pequeños para acelerar la descomposición.
4. Añada las verduras.
5. Remuévalo ligeramente para que las verduras se mezclen con la tierra.
6. Rocíe con agua tibia. La mezcla debe estar húmeda, pero no empapada. Puede comprobar el contenido de humedad apretando un puñado lo más fuerte que pueda. Debería salir una gota de líquido, pero no dos.
7. Coloque el compostador en una zona abierta, en un lugar cálido y alejado de la luz solar directa.
8. Controle el compost cada pocos días y dele la vuelta a los ingredientes. Si tiene una tapa hermética, puede incluso hacer rodar el cubo para mezclarlo. (A los niños les encantará hacerlo).
9. Recoja su nueva tierra en seis u ocho semanas, cuando el compost se convierta en un material oscuro y desmenuzable sin parecido visible con los restos de comida u otro material compostable que haya utilizado.

El otoño tiene algo mágico: los árboles cambian de color, se desprenden de las hojas y vuelven a empezar. Puede que de niño se deleitase saltando sobre montones de hojas, pero ¿sabía que este follaje muerto puede ser muy útil para sus plantas?

El moho de las hojas es un material desmenuzable que se crea cuando las hojas se pudren. El compost tiende a secarse con el tiempo, perdiendo su vitalidad. Antes de volver a plantar en primavera, puede mezclar el compost viejo con el mantillo de hojas para reponer su contenido en humedad y nutrientes. El único inconveniente de este método es que puede tardar hasta un año en estar listo. Aparte de eso, es bastante fácil de hacer, con unos sencillos pasos:

1. Recoja las hojas caídas de los árboles de hoja caduca y no de los de hoja perenne.
2. Colóquelos en una bolsa de plástico negra.
3. Rocíe un poco de agua si están secas, para desencadenar el proceso de putrefacción.
4. Haga unos agujeros en los laterales de la bolsa y átela sin apretar.
5. Deje la bolsa durante un año para que se convierta en moho de hoja.

Tenga en cuenta que las hojas cerosas pueden tardar más en pudrirse, tardando más de un año en convertirse en moho de hoja. Personalmente, prefiero utilizar bolsas resistentes; sin embargo, puede usar bolsas de basura normales o un bidón opaco. El otoño es la mejor época del año para recoger hojas. Los parques locales y las aceras son lugares ideales para encontrar montones de hojas caídas. Sin embargo, evite recoger hojas de las carreteras, ya que podrían contener sustancias contaminantes. Además, mucha gente pone muchas bolsas de hojas en la carretera para que las retire la ciudad/pueblo; esto también es una gran fuente de hojas. Recomiendo preguntar al propietario del terreno si rocía herbicidas para evitar contaminar su propio jardín.

Este método consiste en la fermentación microbiana de los residuos de cocina y jardín blando en un recipiente hermético. El proceso produce un compost inodoro, mientras que el recipiente hermético mantiene alejadas a moscas e insectos, por lo que es ideal para el compost en interiores.

Basta con añadir materia orgánica a un recipiente hermético y cubrirla con salvado de trigo que contiene microorganismos bokashi. Puede comprar salvado bokashi en Internet. El proceso de fermentación se completará en unas dos semanas, con el consiguiente aumento de nutrientes. Puede añadir la mezcla al compost viejo o utilizar el líquido producido como abono exprimiendo la mezcla y diluyéndola a razón de 1:100 partes de agua.

La tierra de su huerto en macetas acabará quedándose sin nutrientes, por lo que es necesario que la abones periódicamente. Una taza de mezcla de abono orgánico 5-3-4 (que representa el contenido de nitrógeno, fósforo y potasio) y media taza de harina de huesos por cada 10 galones de tierra proporcionan un buen comienzo para las jóvenes plántulas.

Para las plantas anuales, obtendrá los mejores resultados añadiendo ¼ de taza del mismo fertilizante orgánico durante la temporada de crecimiento o utilizando un fertilizante líquido multiuso como la emulsión líquida de pescado. Alternativamente, puede utilizar té de compost para proporcionar a sus plantas los micronutrientes que necesitan, además de fortalecer las poblaciones microbianas beneficiosas del suelo. Aquí tiene una sencilla receta para preparar té de compost:

Té de compost

1. Ponga 2 tazas de compost bien descompuesto o de humus de lombriz en un cubo de 10 litros de agua.
2. Remover bien y dejar reposar toda la noche.

3. Remover de nuevo al cabo de 12 horas, dejando que las partículas se asienten.

4. Vierta la mezcla en recipientes, utilizando el lodo restante para otro lote o añadiéndolo directamente a otro recipiente.

Té de ortiga

1. Recoja la ortiga arrancándola de raíz o cortándola con tijeras o cizallas.

2. Llene un recipiente con ortigas, cortándolas en trozos más pequeños.

3. Añada agua al cubo y remuévelo.

4. Coloque una tapa encima del cubo, pero asegúrese de que haya una circulación de aire adecuada.

5. Deje que la mezcla se descomponga durante un mes.

6. Remover siempre que se observen burbujas en la superficie.

7. Espere una o dos semanas a que la infusión de ortiga esté lista.

8. Colar el líquido cuando esté listo (la mezcla dejará de burbujear después de remover), separando los sólidos del líquido.

9. Diluya el líquido negro resultante y añádalo a la tierra de sus plantas.

10. Utilizar antes de 6 meses.

Vermicompost

Hay un famoso adagio de jardinería que dice algo así: "Si algo no se está comiendo sus plantas, su jardín no forma parte de un ecosistema". A las lombrices que salen de las macetas y se comen las hojas muertas y la materia orgánica del suelo se las llama "las primeras jardineras de la naturaleza".

El vermicompost utilice determinadas especies de lombrices para degradar la materia orgánica y producir compost rico en nutrientes. Las diminutas lombrices ingieren residuos orgánicos y los transforman en gránulos llamados humus de lombriz; el compost resultante está repleto de microorganismos respetuosos con el suelo y tiene una alta concentración de nutrientes.

El compost aeróbico (es decir, en presencia de oxígeno, como en el compost tradicional) requiere tiempo y experiencia. El éxito del proceso depende de que la cantidad de humedad, temperatura, nitrógeno y carbono sea la adecuada, lo que puede suponer todo un reto. En cambio, el vermicompost es fácil y eficaz. Además, la tierra resultante contiene una mayor cantidad de nutrientes por unidad de volumen.

Lombricultura

La lombricultura es una forma fantástica de convertir los restos de comida en abono. Las lombrices rojas de California y las "Red Wigglers" son ideales para la lombricultura por su pequeño tamaño y su rápida tasa de reproducción. Estos son los pasos que debe seguir para construir una granja de lombrices:

1. Coja cualquier recipiente viejo, grande y opaco.
2. Haga algunos agujeros pequeños (de menos de 0,5 cm de diámetro, para asegurarse de que los gusanos no se escapen) en el fondo y en los laterales para facilitar el drenaje y la ventilación.
3. Coloque papel de periódico triturado o fibra de coco en el fondo.
4. Rocíela con agua, humedeciéndola, pero sin mojarla demasiado.
5. Eche algunos restos de comida, como posos de café, hojas, fruta y cáscaras de verduras, hasta que el recipiente esté lleno hasta las tres cuartas partes.
6. Añada los gusanos.
7. Mantenga el contenedor de lombrices en un lugar cálido con una temperatura que oscile entre 59 °F y 77 °F. (15 - 25°C)
8. Añada restos de cocina cada pocos días después de cavar un hoyo en la mezcla.
9. Añada lecho seco si la mezcla está empapada o desprende mal olor.

10. Compruebe si el color es oscuro, el olor terroso y la textura desmenuzable al cabo de tres a seis meses.

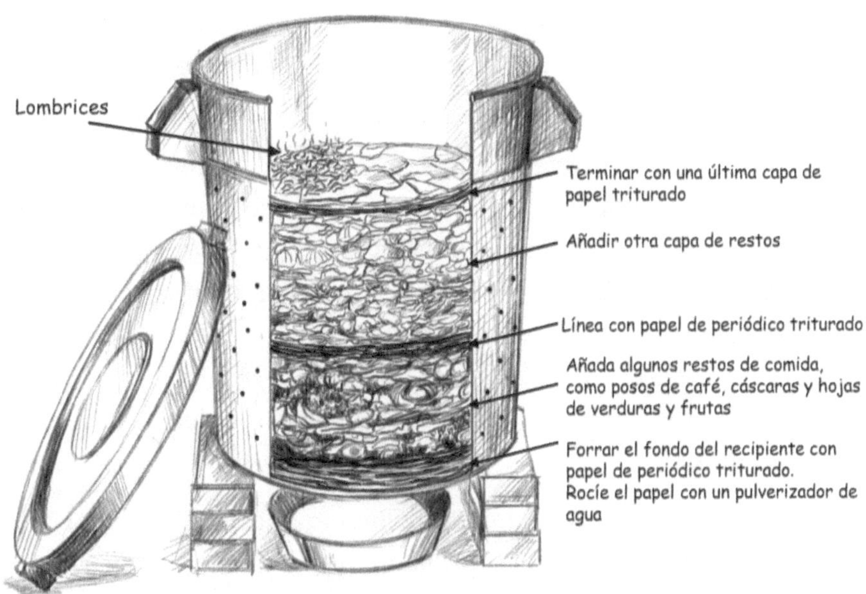

Figura 1.12: Contenedor de lombricompost.

Cómo mantener un suelo sano

Un suelo sano y denso en nutrientes da lugar a plantas florecientes, pero la fertilidad del suelo disminuye con la edad. Puede mantener la salud del suelo plantando fijadores de nitrógeno o cubriéndolo con mantillo. Veamos ambos métodos con más detalle.

1. Plantar plantas fijadoras de nitrógeno

Las raíces de las plantas fijadoras de nitrógeno están colonizadas por bacterias que extraen el nitrógeno del aire, convirtiéndolo o "fijándolo" en compuestos fácilmente absorbibles. Al hacerlo, estas plantas aumentan el contenido de nitrógeno del suelo. Puede cultivar plantas fijadoras de nitrógeno en el jardín, en macetas o en arriates elevados junto con otras plantas. Esta técnica es un tipo de policultivo, en el que se cultiva más de un tipo de planta en un mismo arriate.

Las plantas fijadoras de nitrógeno más comunes son las leguminosas, como los guisantes y las judías. Puede añadir espalderas en la parte norte de su patio o balcón para cultivar guisantes o judías verdes. Las plantas aumentarán el contenido de nitrógeno del suelo y protegerán a otras plantas de los fuertes vientos del norte.

La mayoría de las plantas fijadoras de nitrógeno, como los tréboles, brotan del suelo por sí solas porque pueden prosperar con una intervención humana mínima en los suelos más dañados. Sin embargo, estas plantas fijan el nitrógeno para su propio uso. No obstante, pueden sembrarse en otoño como abono verde y excavarse durante la primavera. Algunos jardineros utilizan el trébol como cobertura del suelo para sus plantas.

Otra forma estupenda de mejorar la fertilidad del suelo manteniendo a raya las poblaciones de plantas silvestres es el método de cortar y soltar. Consiste simplemente en cortar plantas fijadoras de nitrógeno para que sus nódulos radiculares liberen nitrógeno.

2. Cubrir con mantillo

El proceso de esparcir material como recortes de hierba, virutas de madera, compost y paja sobre la superficie del suelo se conoce como acolchado. Ayuda a retener la humedad y a controlar las malas hierbas. La mayoría de la gente asocia el acolchado con la jardinería exterior, pero también puede utilizarse para las plantas de maceta.

El acolchado puede proteger las plantas de las rápidas fluctuaciones de temperatura. Los materiales orgánicos esparcidos por el suelo durante el otoño ayudan a proteger las raíces y los tallos cuando la temperatura desciende en invierno. En verano, el acolchado protege a las plantas del calor creciente. Cubrir el suelo con plástico negro o transparente o con material orgánico durante la primavera puede calentar la tierra más rápidamente, lo que permite a los jardineros plantar los cultivos antes.

He aquí algunos consejos para sacar el máximo partido a este proceso:

1. Evite amontonar mantillo alrededor de los tallos de las plantas, ya que puede provocar podredumbre, sobre todo en invierno.

2. Mantenga las capas del mantillo finas para permitir una circulación de aire adecuada.

3. Triture los materiales, utilizándolos para cubrir la tierra de modo que se descompongan rápidamente.

Principales conclusiones

Para que sus plantas florezcan, necesita una tierra repleta de nutrientes. Las recetas de mezclas para macetas de este capítulo te ayudarán a crear la mejor tierra para su huerto en macetas. Las distintas técnicas de compost comentadas anteriormente te ayudarán a mantener un suelo sano. Por último, algunos trucos sencillos, como el cultivo de plantas fijadoras de nitrógeno y el acolchado, pueden mejorar considerablemente la fertilidad del suelo.

Ahora que ya nos hemos ocupado de las necesidades nutricionales de nuestras plantas, pasemos a otro componente esencial de la jardinería: el agua. Sirve de medio para la absorción de minerales del suelo, por lo que es crucial para la supervivencia de las plantas. Aunque pueda parecer bastante sencillo, puede resultar bastante complicado para los principiantes. El capítulo siguiente trata de las necesidades de riego de las plantas. Prepárese para darlo todo.

CAPÍTULO 4

Trabajar el agua

La jardinería en contenedores permite convertir pequeños espacios en zonas de cultivo, añadiendo un brillante toque de color y acercando la naturaleza a la puerta de casa. Satisfacer las necesidades de riego de sus plantas puede parecer fácil y sencillo, pero puede ser complicado hacerlo bien. A lo largo de los años, he experimentado con varios métodos para regar las macetas y los arriates elevados, hasta que he encontrado los que mejor funcionan. Aquí tiene algunos consejos que le ayudarán a controlar las necesidades de riego de sus plantas.

Directrices de riego

Las plantas están compuestas por un 75-90% de agua, por lo que proporcionarles la humedad adecuada es crucial para su supervivencia. El método de riego que elija puede determinar el destino de su jardín. A continuación, le ofrecemos algunas pautas que le ayudarán a conocer las necesidades de riego de su jardín.

1. **Controlar el tiempo**

   La cantidad de agua que necesita una planta cada día depende de las condiciones meteorológicas. Las plantas necesitan un riego más frecuente durante el caluroso verano, mientras que una o dos veces por semana son suficientes durante el gélido invierno. Vigile el tiempo y ajuste la cantidad de agua en consecuencia.

2. Conozca las necesidades de riego de sus plantas

Las plantas son seres quisquillosos con preferencias diferentes.
A las plantas nativas de climas secos y áridos, como las
suculentas, les gusta la tierra seca, mientras que las plantas
tropicales y algunas hortalizas como el apio, las espinacas y la
coliflor prefieren la tierra húmeda. Infórmese sobre las
necesidades de riego de su planta antes de decidir el programa
de riego, para no acabar regando de más o de menos.

Una planta poco regada puede desarrollar hojas marrones
con bordes crujientes y secos y mostrar un crecimiento lento,
marchitamiento, caída de hojas y enrollamiento de las mismas.
Es posible que algunas plantas se marchiten por la tarde y se
recuperen por la mañana, lo que podría indicar estrés térmico.

El riego excesivo se detecta tocando la tierra. La tierra
húmeda y empapada, con un tinte verdoso (que indica la
proliferación de algas), indica que la planta está recibiendo
más agua de la que necesita. Las ramas caídas, las hojas
marrones o amarillas y la caída de las hojas son signos de riego
excesivo. Unas raíces viscosas o malolientes podrían indicar la
aparición de podredumbre radicular.

3. Adoptar riegos menos frecuentes pero profundos

El agua debe llegar a toda la red radicular en profundidad para
favorecer un crecimiento sano de las raíces. Es mejor regar con
moderación, asegurándose de que toda la tierra quede
empapada, en lugar de regar con frecuencia y a poca
profundidad.

Puede utilizar una sonda de tierra (cualquier objeto
metálico largo) para comprobar la profundidad de riego si no
está seguro. Basta con clavar la sonda en el suelo; si penetra
fácilmente en la tierra, es que el suelo está húmedo.

Si no es así, hay que regar más. Para evitar el riego
excesivo, asegúrese de que los dos o tres centímetros
superiores de la tierra estén secos antes de volver a regar. El

riego profundo también puede ayudar a eliminar el exceso de sales, que puede causar quemaduras por sal que pueden dar bordes marrones a las hojas.

4. Agua por la mañana

Las mañanas son las mejores para regar las plantas, porque en ese momento absorben más humedad. Así están mejor preparadas para enfrentarse al sol abrasador de la tarde, a la vez que evitan enfermedades transmitidas por el agua y plagas que prosperan en condiciones frescas y húmedas.

5. Riegue de manera uniforme y constante

Un riego uniforme y constante ofrece los mejores resultados, mientras que un riego irregular puede secar o matar las semillas o los plantones. Los sistemas de riego automático suelen ser los mejores para los arriates elevados, gracias a sus temporizadores ajustables. Pueden programarse para riegos diarios en verano y menos frecuentes cuando llueve o hace frío.

Ollas

Las ollas son pequeñas macetas de terracota que se llenan de agua y se entierran en el jardín o en macetas. El agua se filtra lentamente de la terracota porosa a la tierra circundante, proporcionando humedad constante a la planta. Parecen un pequeño frasco redondo que puede rellenar tantas veces como quieras a través del pitorro. Por lo general, tendrá que rellenarlos con más frecuencia cuando haga calor, viento o esté seco, y con menos frecuencia cuando el tiempo sea húmedo o fresco.

Utilizar ollas es una forma estupenda de evitar el riego excesivo. Basta con llenar las ollas hasta arriba en lugar de inundar la maceta y desperdiciar agua en forma de escorrentía. La tierra de la maceta extrae lentamente el agua de la olla de terracota, satisfaciendo las necesidades de humedad de la planta. Vienen en varios tamaños, por lo que caben en cualquier tipo de recipiente, incluso en cestas colgantes que tienden a secarse rápidamente. Las ollas suelen ser bastante caras, pero se pueden hacer fácilmente en casa hormigonando la base de una maceta de terracota, enterrándola y cubriéndola con un platillo a modo de tapa.

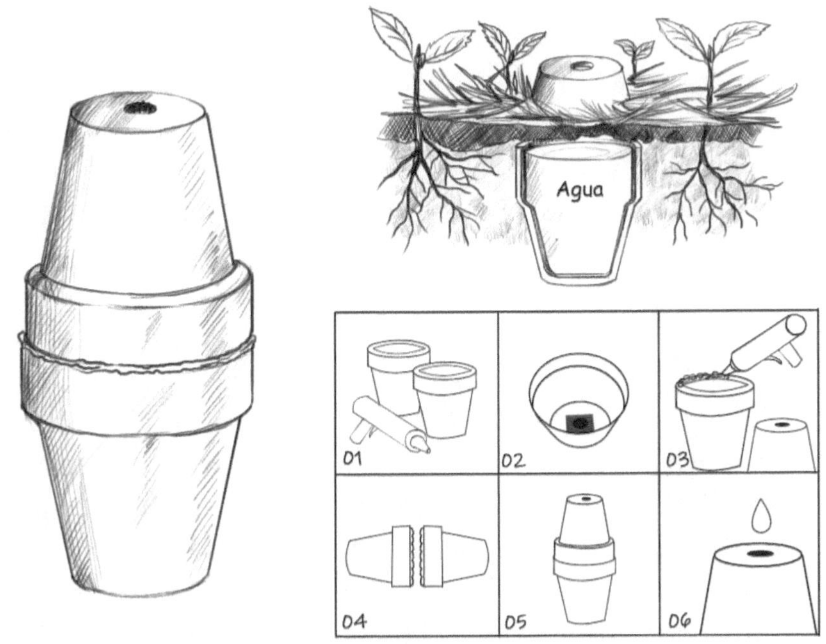

Figura 4.1: Olla de barro cocido.

Recoger el agua de lluvia

Las raíces de las plantas en macetas no pueden penetrar en la tierra en busca de agua. Además, los contenedores se calientan más rápido que la tierra, lo que provoca que ésta se seque. Los recipientes autorriego pueden ayudarte a contrarrestar este problema en cierta medida. Sin embargo, no es razonable limitarse a un solo tipo de contenedor, sobre todo cuando se trabaja con un espacio limitado.

El agua de lluvia es más beneficiosa para las plantas que el agua del grifo, que puede contener cloro. Si tiene acceso a un patio o a una azotea, basta con que coloques un cubo bajo la bajante del canalón o en el tejado para recoger el agua de lluvia. También puede comprar un barril de lluvia o un depósito de agua, que es un recipiente grande para recoger agua. Si lo conecta a la bajante, podrá recoger una gran cantidad de agua de lluvia.

Si le preocupa que ocupe demasiado espacio, la solución son las pilas de agua estrechas que ahorran espacio. Tienen una capacidad de almacenamiento de agua sorprendentemente alta a la vez que ocupan un espacio mínimo. Pueden fijarse a las paredes, dejando espacio disponible en el suelo para que coloques sus plantas. Sin embargo, tendrá que comprar un kit para encajar en la bajante, que te ayudará a redirigir el agua hacia el desagüe cuando el depósito esté lleno para evitar que se desborde.

Sistema de barriles de lluvia DIY

Si no le apetece gastarte un dineral en un depósito de agua y tiene espacio, puede construir un sistema de barriles de lluvia para almacenar la preciada agua de lluvia. Según la Agencia de Protección Ambiental, un barril de 200 litros puede ayudarle a recoger hasta 5.000 litros de agua al año. Si eso le parece mucha más agua de la que cae del tejado en un año, tenga en cuenta que en un tejado de 92 m2 (1.000 pies cuadrados) caen 2270 litros de agua por cada 25 mm de lluvia. Por eso es tan importante prever el desbordamiento del barril incluso cuando llueva poco; el agua debe alejarse de los cimientos.

Aquí tiene los pasos para montar su propio sistema de barriles de lluvia:

Paso 1: Preparar las barricas

> Enjuague el interior y el exterior de los barriles y déjelos secar colocándolos boca abajo. En la parte superior de uno de los barriles, trace un orificio para un conector flexible de bajante y recórtelo (recibirá el agua de lluvia de la bajante). Haga otro agujero en el lateral de este barril (servirá para eliminar el exceso de agua cuando el barril se llene). También puede utilizar un tubo de rebosadero, ¡según la siguiente ilustración!

Paso 2: Construir la fontanería

> Corte dos tubos de PVC en forma de "u". Necesitará dos trozos de 10 cm (3½ pulgadas), dos trozos de 20 cm (8 pulgadas), un trozo

de 50 cm (20 pulgadas) y un trozo de 25 cm (10 pulgadas). Una las piezas de 10 cm verticalmente a los barriles. Conecte las piezas de 8 y 20 pulgadas horizontalmente, uniendo los dos barriles entre sí. La última pieza de 10 pulgadas se unirá a un grifo.

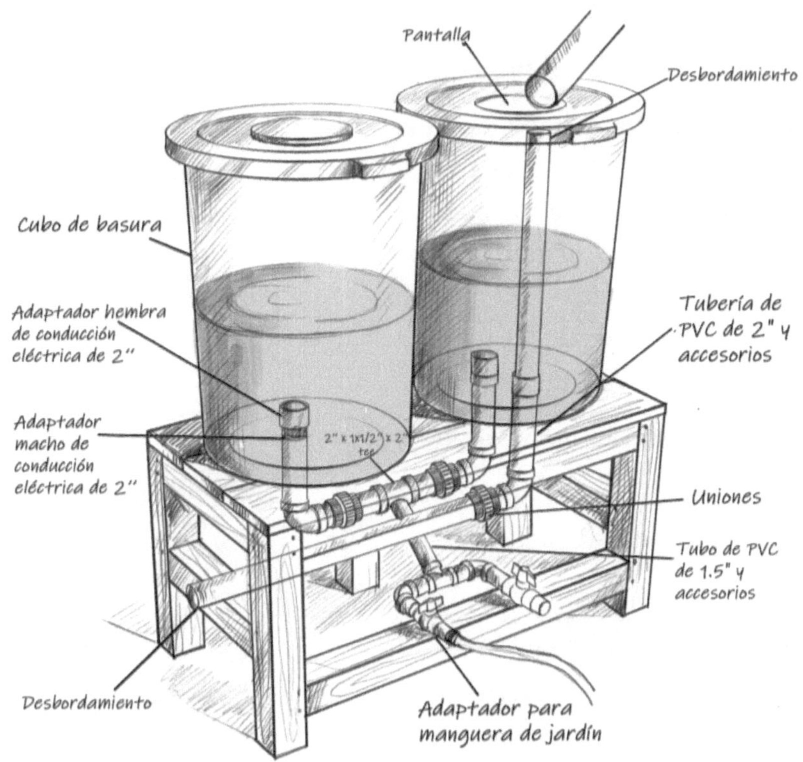

Figura 4.2: Ejemplo de sistema de recogida de agua de lluvia de bricolaje.

Paso 3: Crear un soporte para las barricas

Utilice madera apta para exteriores, como el cedro, para crear un robusto soporte para barricas. Necesitará un armazón para la parte superior (el tamaño dependerá del tamaño de las barricas), postes de 4 por 4 pulgadas para las patas y un borde. No olvide que el soporte tiene que aguantar mucho peso. El soporte debe tener agujeros para pasar los tubos de PVC. Si va a conectarlo a una manguera, es bueno saber que tener los depósitos más altos aumentará la presión del agua.

Paso 4: Fijar los tubos de PVC

Dé la vuelta a los barriles y coloque el marco de tubos de PVC en forma de "U" del paso 2. Alinee los tubos con los agujeros del soporte y péguelos a las barricas. Instale el tubo de rebosadero.

Paso 5: Conectar los tubos de PVC

Cree una válvula de rebose con dos codos y un trozo de tubo de PVC. Conéctela al agujero que has hecho en el primer barril. Utilice un codo flexible para conectar la bajante del canalón al orificio de la parte superior del barril. Asegura la estanqueidad del sistema con silicona. Aleje el agua desbordada de los cimientos de la casa (preferiblemente cuesta abajo, si es posible).

Paso 6: Conecte una manguera al grifo o llena la regadera.

Coloque un cubo o una regadera bajo el grifo o conecta una manguera de agua, ¡y ya puede empezar a regar sus plantas!

Aquí tiene otras formas de conservar el agua asegurándote de que sus plantas están bien hidratadas:

1. **Riegue gradual y profundamente:** Asegúrese de que el agua penetra a una profundidad de al menos 20 cm (8 pulgadas). Sin embargo, tenga en cuenta que un exceso de riego puede lixiviar los nutrientes del suelo. Por lo general, la mayoría de las plantas necesitan al menos 2,5 cm de agua a la semana.

2. **Reutilice el agua de su casa:** Recoja el agua de deshumidificadores o aparatos de aire acondicionado en cubos vacíos para regar las plantas. Otras opciones para ahorrar agua son reutilizar el agua del baño o del lavavajillas, siempre que utilice detergente y jabón biodegradables u orgánicos.

3. **Agrupe las plantas según sus necesidades de riego: Divida** las plantas en dos grupos: plantas amantes de la humedad y

plantas tolerantes a la sequía. Así evitará malgastar agua en plantas que no la necesitan o no la quieren.

4. **Añada un pluviómetro:** Puede controlar las precipitaciones con un sencillo pluviómetro para evitar el riego excesivo.

5. **Utilice el riego por goteo:** Este método suministra agua a la zona radicular, minimizando la pérdida de agua por escorrentía y evaporación.

6. **Utilice recipientes que ahorren agua:** Los recipientes de terracota esmaltada retienen la humedad durante más tiempo, por lo que requieren un riego menos frecuente.

7. **Prueba a cubrir el suelo con mantillo:** Una capa de mantillo de 5 cm de profundidad ayuda al suelo a retener la humedad y reduce la proliferación de malas hierbas.

Principales conclusiones

El agua es un requisito esencial de las plantas, pero este importante recurso natural debe utilizarse con prudencia. Los métodos descritos en este capítulo le ayudarán a conservar el agua al tiempo que conoce las preferencias de hidratación propias de sus plantas. Técnicas sencillas como el uso de ollas, cubos de agua y el almacenamiento de agua de lluvia pueden resultar muy útiles.

El sistema de barriles de bricolaje es un método excelente y bastante económico para ahorrar agua de lluvia, si vive en una zona donde llueve mucho. Reutilizar el agua utilizada en las tareas domésticas y optar simplemente por mejores dispositivos, como temporizadores de riego, puede ayudarle a ahorrar este preciado recurso.

A estas alturas, ya hemos aprendido métodos para preparar la tierra y satisfacer las necesidades nutricionales e hídricas de sus plantas. Es hora de pasar a la parte más emocionante de la jardinería: ¡plantar las semillas! La sección 2 se centra en decidir qué plantas cultivar y dónde, sembrar las semillas y cuidar las plántulas mientras brotan.

CAPÍTULO 5

Empieza el trabajo: ¡a plantar!

Conozca su planta

Ha observado su balcón, patio o jardín, fijándose en la luz del sol, el viento y los patrones del agua. Tiene la mezcla para macetas y el abono preparados y los recipientes listos para el siguiente paso. De repente, ¡se queda perplejo! ¿Qué cultivar? ¿Por dónde empezar?

Una visita al centro de jardinería puede parecer abrumadora. Puede que se sienta un poco perdido al verse rodeado de miles de plantas. Aquí tiene algunos consejos que te ayudarán a decidir qué plantas elegir para su jardín en macetas.

Decidir qué cultivar

El placer y la belleza de cultivar sus propias frutas, verduras y flores no tienen parangón. Cultivar un huerto en casa te permite disfrutar de placeres tan sencillos como morder un tomate rojo y jugoso aún caliente por el sol, arrancarlo y comerlo en el momento. Puede cultivar casi cualquier hortaliza o fruta en un recipiente y ahorrarte la molestia de ir corriendo al supermercado a comprar productos. Sin embargo, puede ser desalentador ver cómo las plantas se marchitan y mueren. Elegir las plantas adecuadas puede ayudarte a empezar con buen pie.

Verduras

Cuando elija hortalizas para cultivar en macetas, busque variedades pequeñas que se adapten al clima de su región (Michaels, 2022). Estas son algunas hortalizas que suelen crecer bien en jardines de macetas:

- **Guisantes:** Requieren estructuras altas que soporten su crecimiento, riego frecuente y suelo rico.
- **Patatas:** Su periodo vegetativo dura 120 días, así que busca variedades que maduren pronto. Sí, ¡incluso las patatas pueden cultivarse en bolsas y contenedores!
- **Tomates:** Requieren un enrejado, una varilla o una jaula para tomates para mantenerlos erguidos.
- **Zanahorias:** Crecen mejor en macetas profundas. Use una maceta que tenga el doble de profundidad que la variedad que pretende cultivar.
- **Rábanos:** Se pueden cultivar en pequeñas macetas.
- **Berenjenas:** Crecen mejor en comederos. No obstante, tenga en cuenta que la mayoría de las variedades de berenjena son bastante sensibles al frío, es decir, no deben exponerse a temperaturas inferiores a 50°F (10°C).
- **Calabacines/calabazas/pepinos:** Necesitan una maceta de 24 pulgadas con un enrejado que les sirva de soporte. También puede optar por variedades arbustivas en lugar de enredaderas rastreras, que no necesitan estructuras de soporte como espalderas.
- **Verduras de hoja verde:** Incluyen verduras cortadas y vueltas a cortar como la lechuga, la col rizada, el bokchoy, la rúcula, la acelga, la mostaza verde y las espinacas.
- **Pimientos y guindillas:** Incluyen pimientos morrones y picantes, que son perfectos para hacer salsa.
- **Hierbas aromáticas:** Incluyen hierbas como el perejil, el tomillo, el romero y la albahaca, que son necesarias en todas las cocinas.

Frutas

Puede que piense que necesita un gran jardín para cultivar fruta, pero no podrías estar más equivocado. Puede cultivar árboles frutales enanos en macetas y disfrutar de frutas de cosecha propia como cerezas, manzanas y fresas.

- **Manzanas:** Los portainjertos enanos de manzanas pueden cultivarse fácilmente en macetas de 35 a 50 cm (13 a 15 pulgadas) situadas en un lugar soleado.
- **Grosellas negras:** Necesitan pleno sol y pueden cultivarse en macetas de 45 a 50 cm de ancho.
- **Arándanos:** Colocados en un lugar resguardado y soleado en un recipiente de 30 cm (11 pulgadas), dan muchos frutos.
- **Cerezas:** Aunque algunas variedades prosperan al sol, otras son más tolerantes a la sombra parcial. Plantada en una maceta de 60 cm (23 pulgadas), la planta tiende a florecer.
- **Higos:** Un lugar cálido y soleado es ideal para cultivar higos. La planta necesita una maceta de 35 a 4 cm de ancho.
- **Melocotones y nectarinas:** Deben mantenerse en un lugar soleado y protegido del viento y plantarse en un recipiente de 45 cm de ancho.

Flores

Tanto si busca una buena candidata para una cesta colgante, una jardinera o una maceta pequeña, encontrará montones de opciones entre las que elegir cuando se trata de flores. Estas son algunas de las mejores flores para cultivar en macetas:

- **Geranios:** Estas vibrantes flores florecen desde finales de la primavera hasta el verano, alcanzando una altura de 30-38 cm (12-18 pulgadas). Colocados en un balcón soleado, te recompensarán con un brillante despliegue de color que durará toda la temporada.
- **Gladiolos:** Colocadas en grandes macetas a pleno sol, estas hermosas plantas tienen un tamaño que oscila entre 15 y 90 cm.

- **Pensamiento:** Estas plantas resistentes al frío alcanzan una altura máxima de 15-30 cm, lo que las hace perfectas para cuencos poco profundos o plantaciones mixtas.

- **Dalia:** Estas preciosas flores decorativas pueden alcanzar de 5 a 10 cm de altura. Algunas pueden tener pequeños pompones de 5 cm o grandes flores del tamaño de un plato de 38 cm de ancho. Los tubérculos necesitan pleno sol, pueden almacenarse para el invierno y replantarse la próxima primavera.

- **Fucsia:** Comúnmente se encuentran en cestas colgantes, no les gusta el calor, así que manténgalas en sombra parcial en un lugar protegido.

- **Alyssum dulce:** Esta planta anual tolerante a la sequía es más conocida por sus diminutos capullos y su dulce fragancia, pero también es excelente para atraer polinizadores como colibríes y mariposas a su jardín en macetas. Con una altura máxima de 15 cm, esta pequeña planta no ocupará mucho espacio. Prefiere el pleno sol y se adapta bien a jardineras y cestas colgantes.

- **Lavanda:** Crecen bien a pleno sol y prefieren un suelo bien drenado, de neutro a alcalino. Las macetas de terracota son las mejores para las lavandas. El mejor momento para plantar estas tiernas flores es en primavera.

- **Caléndula:** Prefieren un suelo con buen drenaje y constantemente húmedo. Mantener a pleno sol.

Ahora que hemos hablado de las plantas ideales para macetas, tomemos nota también de algunas plantas que no suelen responder bien en macetas:

- Melones
- Maíz
- Calabaza grande
- Calabaza

Para reproducirse, las plantas necesitan producir flores y semillas. Puede parecer que las plantas llevan una vida fácil, pero trabajan muy deprisa, intentando alcanzar sus solitarios objetivos. Según su ciclo vital, las plantas pueden dividirse en tres grupos: anuales, bienales y perennes. Conocer la diferencia entre estos grupos de plantas le dará una idea de qué plantas se pueden rotar anualmente y cuáles permanecerán enraizadas. También le dará una idea de cuándo esperar las cosechas y la producción de semillas.

Anuales nutritivas

Se plantan como semillas, brotan en primavera y mueren en otoño o invierno. Tendrá que guardar sus semillas para la siguiente temporada de cultivo o comprar otras nuevas. Las plantas anuales son brillantes, vibrantes y coloridas, y atraen a muchos polinizadores, como mariposas y abejas. Algunos ejemplos son el brécol, los guisantes, las judías, las capuchinas, los tomates, la rúcula, la lechuga, la albahaca y los pepinos.

Algunas plantas anuales prosperan al sol, mientras que otras prefieren la sombra. Sus coloridas flores atraen a hordas de polinizadores. Suelen ser sensibles al frío y prefieren las temperaturas cálidas. Según su rusticidad, pueden dividirse en los siguientes subgrupos:

- **Plantas anuales resistentes:** Las anuales tolerantes al frío completan su ciclo vital en una temporada y pueden sembrarse directamente en el suelo en el exterior. Pueden soportar las heladas y sobrevivir a inviernos duros. El brécol, el colirrábano, el puerro, la lechuga, la cebolla y las espinacas son algunos ejemplos de cultivos anuales resistentes.

- **Plantas anuales semirresistentes:** Estas plantas pueden tolerar heladas suaves, pero es poco probable que sobrevivan a heladas prolongadas. Las semillas deben sembrarse en un invernadero entre cuatro y ocho semanas antes de la última helada. Algunos ejemplos son la coliflor y la escarola.

- **Plantas anuales tiernas:** Incapaces de tolerar el frío, estas plantas requieren condiciones cálidas para crecer. El pepino, la berenjena, el melón, el quingombó, el pimiento, la calabaza y el tomate son algunos ejemplos de plantas anuales tiernas.

Crecen el primer año, producen semillas y mueren el segundo. Algunas bienales pueden comportarse como anuales. La acelga es un ejemplo de planta bienal nutritiva que puede producir semillas en su primer año si experimenta condiciones de sequía. En un suelo cubierto de mantillo, brota durante la primavera y echa un tallo floral en verano, lo que permite a los jardineros guardar semillas. Algunos jardineros prefieren comprar semillas nuevas cada año, por considerarlo una forma mucho más fiable. Es importante tener en cuenta que los híbridos F1 no se reproducen fielmente a través de las semillas.

Es fácil confundir las bienales con las anuales. Las zanahorias, el perejil, la chirivía, la berza, la col, el apio, la remolacha y el hinojo aportarán un gran número de nutrientes y vitaminas a su mesa, pero no esperes que estas plantas produzcan semillas en su primera temporada. Durante el primer año, las semillas germinan, la planta crece, pero no produce flores.

Es una experiencia maravillosa ver cómo las plantas despiertan de su sueño invernal y florecen al verano siguiente. Las estructuras florales de las plantas bienales son complejas y estallan en semillas en su segundo año de vida. Por ejemplo, la hierba del eneldo produce semillas, dejándolas caer sobre el suelo. Nota al margen: las semillas de eneldo son un excelente sustituto de la alcaravea o el comino en las recetas, lo que las convierte en un útil complemento para su jardín de macetas.

Hay que plantarlos una vez y producen semillas casi todos los años. Algunos ejemplos son las uvas, el ruibarbo, los espárragos y los manzanos. Las plantas perennes dan frutos y plantas verdes cada temporada durante varios años después de plantarlas. También producen semillas a través de las flores tras una polinización exitosa, al igual que las anuales y las bienales.

Por ejemplo, incluso un manzano enano produce cientos de flores que atraen a enjambres de abejas y otros polinizadores alados. Cuántas de estas flores se convierten en frutos depende del azar. Los fuertes vientos y los aguaceros pueden impedir la polinización. Las plantas perennes son menos quisquillosas que las bienales o anuales, y requieren cuidados mínimos.

¿Por qué plantar más plantas vivaces?

Estas plantas duraderas y de bajo mantenimiento son la mejor opción para un jardín en macetas. Lo único que hay que hacer es controlar regularmente las malas hierbas y la poda hasta que llegue el momento de la cosecha. Plantas como el cebollino, el ruibarbo, la acedera y las rampas son las primeras en aparecer en primavera, y la cosecha dura hasta el final de la temporada.

Sus profundas redes de raíces hacen que necesiten menos riego, si se plantan en la tierra, donde podrán acceder a las aguas subterráneas. Esto las hace especialmente adecuadas para las regiones propensas a la sequía. También les permite extraer nutrientes enterrados a gran profundidad, acercándolos a la superficie y enriqueciendo el suelo, lo que beneficia a las plantas anuales y bienales plantadas cerca.

Debido a sus profundos sistemas radiculares, las plantas perennes necesitan macetas de gran tamaño para crecer bien. En macetas grandes, las plantas perennes pasan bien el invierno. Cultivar plantas perennes en macetas permite a los cultivadores domésticos mantener un suministro constante de alimentos durante todo el año, en parte debido a lo bien que estas plantas soportan las bajas temperaturas. Además, el cultivo en macetas permite personalizar el suelo según las necesidades de la planta, algo que es más difícil de hacer en el jardín del patio trasero.

Siguen creciendo cada año sin apenas esfuerzo por parte del jardinero, ya que no es necesario cultivarlas a partir de semillas. Suelen ser más resistentes a plagas y enfermedades y se recuperan rápidamente de los ataques, a diferencia de las anuales o bienales, que pueden sucumbir a los problemas más leves.

Aquí tiene algunas sugerencias de hortalizas perennes para su huerto en macetas:

- Plantas herbáceas perennes como el romero, el cebollino, el tomillo y la menta
- Fresas
- Hojas verdes de ensalada, acedera, berro, mitsuba y rúcula turca
- Achicoria
- Berza de Daubenton y brécol de nueve estrellas (plantar en una maceta de 45 cm de ancho)
- Cebollas de árbol (no aparecen el primer año)
- Hortalizas autopropagables como la rúcula

Selección de semillas

Está hojeando un catálogo de semillas y le desconciertan todos los nombres de plantas que aparecen: pepinos, tomates, zanahorias, brócoli... ¿cuáles elige? Si no sabe qué comprar, no se preocupe: este capítulo se lo explica todo. Podemos dividir el proceso de selección de semillas en tres sencillos pasos.

1. Adapte sus plantas a su clima

En los capítulos anteriores, he destacado la importancia de conocer el clima y planificar el huerto en consecuencia. Lo mismo ocurre con la selección de semillas. Las probabilidades de éxito aumentan drásticamente si se eligen semillas adaptadas al clima local. Por ejemplo, el quimbombó, que se encuentra naturalmente en África, crece bien en el Sur profundo porque la región ofrece condiciones cálidas y húmedas. Puede que no obtenga los mismos resultados en el sombrío clima de San Francisco.

Del mismo modo, las patatas, originarias de los Andes, prefieren el clima fresco. Las verás prosperar en la costa de California durante todo el verano. Sin embargo, cuando se plantan en Georgia, su crecimiento se detiene a mediados del verano. Aunque no hay nada malo en elegir algunas plantas a las que tenga que mimar para obtener resultados, es mucho más prudente ceñirse a las variedades adaptadas a la zona.

Una buena manera de empezar el proceso de selección de semillas es determinar cuál es su ventana principal de cultivo. Se trata del número de días sin heladas que tiene de media al año. Dado que la mayoría de las hortalizas dejan de crecer cuando las temperaturas descienden por debajo de 32°F (0°C), es útil conocer la fecha media de la última helada en primavera y la primera en otoño.

Las hortalizas amantes del calor, como tomates, calabazas, pepinos, albahaca, maíz, judías y melones, suelen morir durante las primeras heladas del año. Por lo tanto, la maduración y la cosecha de estas hortalizas deben tener lugar en la ventana libre de heladas. Hortalizas como la lechuga, el brécol, las zanahorias, la col, los guisantes y la mayoría de los tubérculos no sufren heladas ligeras, pero se marchitan con el calor abrasador del verano. Las hortalizas de temporada fría plantadas en un entorno septentrional, costero o de gran altitud siguen prosperando durante el verano, que suele ser suave. En otros lugares, es mejor cultivar estas hortalizas durante la primavera y el otoño.

Por lo general, las plantas que necesitan más de 90 días para madurar, como los tomates, los melones y el maíz, no crecen bien en zonas frías.

2. Conozca su zona de cultivo

En el envase de la semilla encontrará el tamaño de las plantas maduras, que te servirá para decidir si caben o no en su jardín. Evita las enredaderas que se extienden si tiene poco espacio para cultivar. Hortalizas como las judías, los pepinos, los melones y las calabazas de invierno requieren grandes superficies de cultivo. Sin embargo, pueden cultivarse en vertical, por lo que son adecuadas para espacios bastante reducidos, sobre todo en el caso de las judías. Las remolachas, zanahorias, lechugas, cebollas, hierbas aromáticas, rábanos y zanahorias son las más adecuadas para espacios pequeños.

También es importante tener en cuenta la cantidad de luz solar que recibe el jardín antes de seleccionar las semillas. Las hortalizas de hoja verde no necesitan más de cuatro horas diarias de luz solar directa, pero la mayoría de las plantas necesitan un mínimo de seis horas. Además, las plantas amantes del calor prefieren ocho o más horas de luz solar directa.

3. Crear un plan de plantación

Los jardineros astutos tienen un plan anual para la parcela que cultivan. Como las plantas suelen tardar seis meses en pasar de la semilla a la cosecha, hay tiempo para repetir las siembras a lo largo de la temporada. La rúcula, las judías, los guisantes, los rábanos, la remolacha y la albahaca proporcionan cosechas tempranas.

Estas plantas son excelentes para rellenar espacios vacíos entre tomates, calabazas y boniatos en arriates elevados (o incluso en grandes contenedores) y pueden cosecharse cuando son jóvenes y tiernas. Por ejemplo, los tomates suelen plantarse a una distancia de 60-120 cm. En las seis a ocho semanas que las plántulas de tomate están brotando, puede plantar cultivos más pequeños en el espacio que queda entre ellas.

Si es nuevo en jardinería, haga acopio de semillas de cultivos de bajo mantenimiento, como guisantes, albahaca, judías, rábanos, remolacha, nabos y rúcula. Las plantas de alto mantenimiento, como los tomates, la calabaza, el maíz, el brócoli y los pimientos, pueden tener muchos problemas, así que es mejor adquirir experiencia con cultivos fáciles de cultivar antes de pasar a variedades exigentes.

Su propio calendario de siembra

Descargue mi tabla de siembra y plantación de semillas de www.sophiemckay.com para que el proceso de planificación de su huerto sea totalmente sencillo.

Las tablas le ayudarán a decidir qué plantas debe cultivar en las distintas estaciones para obtener una cosecha abundante y aprovechar al máximo su huerto en macetas.

Plantación asociada

Imagínese que sus plantas tuvieran compañeros de piso. La siembra en compañía es la solución definitiva si quieres aprovechar al máximo su espacio de jardinería. Basta con agrupar diferentes plantas en una misma maceta, ya sea para que se beneficien mutuamente o porque una planta mejora el crecimiento de la otra.

La siembra en compañía ayuda a atraer polinizadores e insectos beneficiosos al jardín, al tiempo que ahuyenta las plagas y suprime las malas hierbas. Por ejemplo, la inclusión de plantas fijadoras de nitrógeno puede mejorar la fertilidad del suelo al aumentar el contenido de nutrientes, mientras que las plantas sensibles al calor abrasador del verano, como la lechuga, prosperan a la sombra de las plantas más altas.

Sin embargo, hay algunas plantas que nunca deben agruparse. Entre ellas están las variedades muy competitivas con necesidades similares de nutrientes, agua y espacio. Las plantas sensibles a plagas o enfermedades similares, como el tizón, tampoco son aptas para la siembra en compañía, porque podrían provocar la propagación de la enfermedad. Por último, las plantas que dificultan el crecimiento de otras, como el hinojo, deben mantenerse alejadas de ellas.

Hay muchas cosas que puede tener en cuenta a la hora de elegir los compañeros de piso perfectos para sus plantas. Aquí tiene una tabla que le ayudará a saber cuáles son las mejores compañeras para 17 hortalizas comunes:

Planta	Buenos compañeros	Malos compañeros
Espárragos	Albahaca, Caléndula, Perejil, Eneldo, Tomate, Capuchina	Ajo, Patata, Cebolla
Judías	Patata, Caléndula, Pepinos, Calabaza, Ajedrea, maíz	Tomate, Pimiento, Cebollino, Ajo, Cebolla
Remolacha	Menta, Ajo, Cebolla, Puerro, Escallón, Brócoli, Coliflor, Coles de Bruselas, Rábano, Berza, Repollo	Judías verdes
Brócoli	Eneldo, Menta, Romero	Fresa, Mostaza, Tomate, Orégano
Col	Cebollas, Eneldo, Orégano, Salvia, Menta, Manzanilla, Capuchina, Trébol, Remolacha	Fresas, Tomates, Pimientos, Berenjenas
Maíz	Pepino, judías, Melones, Perejil, Calabaza, Caléndula, Calabaza	Tomate
Pepino	Rábano, Lechuga, Cebolla, Eneldo, Capuchina, Maíz, Judías	Patata, Salvia
Berenjena	Menta gatuna, Espinacas, Pimientos, Capuchina, Caléndula, Girasol, Judías de matorral, Tomillo, Estragón, Tomate, Patata	Hinojo
Lechuga	Rábano, Eneldo, Pepino, Zanahoria, Fresa	Judías, Remolacha, Col, Perejil
Pimientos	Judías, Tomate, Cebolla, Geranio, Petunia	Hinojo
Patata	Berenjenas, judías, Coles, Guisantes, Salvia, maíz, Capuchina, Hierba gatera, Cilantro	Pepino, Tomate, Calabaza, Espinacas, Hinojo, Cebolla, Calabaza, Hinojo, Frambuesas
Calabaza	Melones, Maíz, Eneldo, Rábano, judías, Orégano	Patata
Espinacas	Coliflor, Fresa, Rábano, Berenjena	Patata
Calabaza	Cebolla, Maíz, Menta, Capuchina, Eneldo, Guisantes, judías, Rábano	Patata
Tomate	Zanahoria, Perejil, Albahaca, Caléndula, Ajo, Espárragos, Berzas	Maíz, Col, Brócoli, Coles de Bruselas, Patata
Nabo	Rábano, Coliflor, Judías, Lechuga, Espinacas, Brócoli, Col, Guisantes, Tomate, Coles de Bruselas, Menta	Zanahoria, Perejil y otros tubérculos
Calabacín	Capuchina, Maíz, Judías	Patata

Figura 5.1: Plantas acompañantes.

El caleidoscopio de colores de su jardín en macetas atraerá a simpáticos animales como colibríes, abejas y mariposas. Estos hermosos y laboriosos visitantes no solo son agradables a la vista, sino también responsables de llevar a cabo una función esencial de las plantas: la polinización.

La transferencia de polen (gametos masculinos) de una planta a otra se conoce como polinización. El proceso solo puede tener lugar entre dos plantas pertenecientes a la misma especie y da lugar a semillas y frutos fértiles. El polen puede ser transportado de una planta a otra por el viento, el agua o insectos conocidos como polinizadores.

Estos útiles bichos van de una planta a otra para alimentarse, transfiriendo el polen que pueda haber quedado adherido a sus patas. Otros ejemplos de polinizadores son las polillas, las avispas, los escarabajos e incluso esas molestas moscas de las que siempre queremos librarnos.

Trucos y consejos para mejorar la polinización

Los huertos robustos y de rápido crecimiento que producen grandes cosechas necesitan muchos polinizadores. Si le preocupa la escasez de bellos insectos alados en su jardín de azotea o balcón, no desespere: puede hacer muchas cosas para atraer a estas criaturas a su humilde jardín.

1. **Plante para ellos:** Cultive plantas que atraigan a los polinizadores. Los colibríes adoran hierbas como la salvia. La albahaca, el eneldo, el perejil, el cebollino y el tomillo son otras de sus favoritas. Flores como la lantana, el alyssum dulce, la fucsia, el girasol, el lirio canna, la dalia y la menta de gato atraerán a una gran variedad de abejas y mariposas. Puede plantar algunas de estas plantas entre las comestibles para que no ocupen demasiado espacio.

2. **Utilice comederos especiales:** Los polinizadores se alimentan del néctar azucarado de las flores. Los comederos para colibríes y mariposas están hechos de plástico, cristal o metal

y vienen en colores brillantes como el rojo y el naranja. Contienen un depósito central que almacena un líquido azucarado y orificios de alimentación desde los que los pájaros e insectos pueden acceder a él. Colgarlas en su huerto urbano puede ayudarle a atraer a estos útiles polinizadores. Recuerde cambiar a menudo el agua azucarada de los comederos de colibríes porque el agua azucarada caliente fermenta y puede causar problemas a los diminutos visitantes.

3. **Proporcióneles agua:** Los polinizadores necesitan agua y alimento para mantenerse nutridos. Un recipiente que recoja la lluvia o un pequeño bebedero para pájaros pueden ayudar a atraer abejas, mariposas y pájaros. Algunos comederos proporcionan tanto comida como agua; puede encontrarlos durante la primavera o el verano en la mayoría de los comercios, grandes superficies, tiendas de jardinería y centros de mejoras para el hogar. También puede encontrar una amplia selección de comederos para colibríes y mariposas en Internet durante todo el año.

Principales conclusiones

Echamos un vistazo a la complicada jerga de las semillas a la que podemos enfrentarnos cuando salimos a comprarlas. Hemos aprendido los distintos tipos de plantas que podemos elegir y por qué plantar más perennes beneficia al jardinero urbano. Hemos resuelto el problema del espacio aprendiendo sobre la plantación asociada y hemos resuelto el problema de la polinización analizando diversos métodos para atraer a los polinizadores.

Ahora que ya hemos hecho todo el trabajo pesado, vamos a hablar del proceso de compra y plantación de semillas. En el siguiente capítulo se explican los mejores lugares para comprar semillas de plantas, las características ideales de las semillas y el mejor método para plantarlas. Así que, ¡prepárese y empiece a cultivar!

CAPÍTULO 6

Siembra de semillas

"Muéstrame tu semilla y te mostraré tu cosecha".

-Matshona Dhliwayo

(filósofo y empresario nacido en Zimbabue y afincado en Canadá)

La calidad y el rendimiento de su cosecha dependen directamente de las semillas que elijas. Su viaje por el mundo de la jardinería comienza con la selección de las semillas adecuadas, algo que puede resultar confuso para quienes cultivan plantas por primera vez. Al fin y al cabo, ¿no son todas las semillas iguales?

En este capítulo, examinaremos los distintos factores que afectan a la calidad de las semillas y analizaremos las mejores prácticas para maximizar el rendimiento.

Dónde comprar semillas

Todos los años, durante el invierno, salgo en busca de las mejores semillas para la próxima temporada. Hago mis pedidos a varias empresas en Internet. Comprar a empresas locales también es una opción que puede explorar. Consulte la lista de empresas que han asumido el Compromiso de Semillas Seguras y elija las más cercanas a ti. Una solución más económica es utilizar las semillas guardadas de los productos de la temporada anterior. Compartir e intercambiar semillas con sus vecinos es también una idea fantástica para ahorrar dinero y estrechar lazos con su comunidad.

Su tiempo importa: Rentabilidad y comerciabilidad

Dos factores que deben desempeñar un papel fundamental a la hora de decidir las variedades de semillas para su huerto son la rentabilidad y la comerciabilidad. Debe pensar en la rentabilidad en términos de espacio y tiempo. A veces, las variedades de alto rendimiento requieren mucho tiempo y esfuerzo, por lo que no merecen la pena a pequeña escala.

Los grandes agricultores siguen el mismo principio: por muy productiva que sea una planta, si no se puede vender, no tiene sentido cultivarla. Para los horticultores domésticos, es importante considerar a su familia como su "mercado". El tiempo que pasa cuidando de su huerto es valioso, así que asegúrese de cultivar solo aquellas plantas que su familia vaya a comer más adelante.

Factores importantes para la selección de semillas

- Compruebe los requisitos de luz de la semilla antes de comprarla. Esto le dará una idea de la cantidad de luz solar necesaria para su crecimiento y de si la planta se adapta a su espacio de jardinería.
- Compruebe la profundidad de siembra para hacerse una idea del tamaño de recipiente necesario para la planta.
- Determine el espaciado entre plantas, lo que puede ayudarle a decidir el tamaño del contenedor y si la planta madura cabrá en su espacio de jardinería.
- Tenga en cuenta los días hasta la madurez (DTM), para saber cuándo esperar su cosecha.

- Averigüe las necesidades de suelo y fertilización de la planta. Esto también le ayudará a comprender los requisitos de nutrición y a proporcionar el suelo correcto.
- Determinar la idoneidad de la jardinería en contenedores.

Para ayudarle en esto, he incluido un vocabulario de semillas al final del libro. ¡Compruébelo ahora mismo!

Cómo dar ventaja a sus semillas

Puede esperar durante semanas a que broten las semillas que ha plantado, o puede acelerar el proceso con algunos trucos ingeniosos.

1. **Pregermine las semillas con una toalla de papel húmeda**

   Coloque una toalla de papel húmeda en una bandeja y esparce las semillas por encima. Cubra la bandeja con plástico. Compruebe que la toalla esté húmeda. Si está seca al tacto, rocía un poco de agua. Plante las semillas en la tierra en cuanto empiecen a brotar, con la parte verde hacia arriba. También puede utilizar la técnica de la toalla de papel húmeda en recipientes de plástico o utilizar filtros de café en lugar de toallas de papel.

2. **Pre-remojo de las semillas 24 horas**

   Remojar las semillas durante un día en un recipiente poco profundo lleno de agua caliente puede hacer que germinen más rápido. Esta técnica se utiliza sobre todo con semillas grandes con una cubierta exterior dura. El agua penetra en la cubierta de la semilla y hace que los embriones se engrosen y broten rápidamente. Sin embargo, evite remojarlas durante más de 24 horas, ya que las semillas podrían pudrirse. Plante las plántulas inmediatamente en tierra húmeda.

3. **Estratificación**

   Puede engañar a las semillas haciéndoles creer que están pasando el invierno y favorecer así su rápida germinación. Llene la mitad de una bolsa de sándwich con cremallera con un sustrato húmedo y coloque las semillas dentro. Cubra las semillas con un centímetro de medio y cierra la bolsa. Coloque la bolsa en el frigorífico y transfiérala a macetas cuando las semillas broten. Las semillas de lechuga, zanahoria, apio, chirivía y eneldo responden bien a la estratificación.

4. Escarificación

La escarificación consiste en raspar la cubierta de la semilla con un objeto afilado, como un cuchillo, o frotarla contra una superficie abrasiva, como papel de lija. La capa dañada de la semilla ayuda a que el agua llegue al embrión. Utilice una navaja pequeña o una lima de cola de rata para quitar un trocito de la cubierta de la semilla. También puede forrar un tarro con una hoja de papel de lija, colocar las semillas dentro, cerrar la tapa y sacudirlo. Plante las semillas en el suelo justo después del proceso de escarificación. Al igual que con el remojo, esto se reserva normalmente para las semillas más grandes con una capa gruesa.

5. Trasplantar plantones

Coloque las macetas con los plantones en una ventana orientada al sur o al este para que reciban mucha luz. Si la luz solar escasea en su huerto urbano, puede colocarlas en el interior bajo luces fluorescentes de 12 a 16 horas al día. Utilice un abono soluble en agua para estimular el crecimiento.

Exponga gradualmente las plántulas a las condiciones exteriores para evitar que sufran daños por las inclemencias del tiempo. Este proceso se denomina "endurecimiento" y prepara a las tiernas plántulas para el entorno exterior fomentando un crecimiento firme. Los marcos frigoríficos son excelentes para preparar las pequeñas plántulas para condiciones frígidas.

El primer día, traslade las plántulas a una zona sombreada durante unas horas, protegidas del viento fuerte. Poco a poco, deje las plántulas al aire libre durante períodos más largos. Al cabo de una semana, las plántulas estarán listas para ser trasladadas al exterior.

Sembrar semillas puede parecer bastante sencillo. Puede pensar que no hay nada más que esparcir un puñado de semillas por el suelo, pero hay muchas cosas que pueden salir mal. Si la semilla no reúne las condiciones necesarias, puede no germinar. Sin embargo, armado con los conocimientos adecuados, puede estar seguro de que sus esfuerzos no serán en vano.

He aquí diez sencillos pasos para sembrar semillas que garanticen el éxito:

1. **Cosecha de semillas**

    - Sacuda las semillas de las flores o arránquelas de las hortalizas.
    - Recoja las semillas cuando las vainas estén maduras (crujientes, secas y de color beige).
    - Colóquelos en bolsas de papel secas (evita el plástico, que puede provocar moho).
    - Guárdelo en un lugar fresco y seco.

2. **Recoger bandejas y macetas**

    - Utilice una bandeja de semillas o haga agujeros en el fondo de una lata vieja de galletas, una maceta o un recipiente vacío de comida.

3. **Rellenar los recipientes con abono para semillas estéril**

    - Rellene los recipientes con una mezcla para macetas.
    - Evite la tierra de jardín, que puede apelmazarse y contener plagas o microbios causantes de enfermedades.

4. **Humedecer la superficie del compost**

    - Utilice un pulverizador para humedecer la mezcla para macetas.

5. **Espolvorear las semillas uniformemente**

- Coloque las semillas en la palma de la mano y espárcelas con el dedo sobre la mezcla para macetas.
- Evite cubrir las semillas pequeñas con tierra, ya que puede asfixiarlas.
- Coloque las semillas grandes una a una y espolvorea compost por encima.
- Asegúrese de comprobar la profundidad de siembra en el paquete de semillas.

6. Cubrir y colocar en un lugar cálido

- Cubra la bandeja de semillas con plástico, vidrio o madera contrachapada para evitar que las semillas se sequen (si en el paquete de semillas se indica que éstas necesitan luz solar difusa para germinar, asegúrese de que la cubierta sea transparente).
- Mantenga las semillas a una temperatura de 64°F (18 C).
- Siembre las semillas a principios de primavera (febrero o marzo) si vives en el hemisferio norte, para que las plantas tengan un periodo vegetativo completo.
- Siembre una hilera de semillas cada semana para la siembra sucesiva de plantas como calabacines, pepinos, judías, espinacas, rúcula y maíz dulce.
- Siembre semillas de hortalizas como la coliflor, la remolacha, la col, el brécol, las habas, la col rizada y la lechuga en otoño, para que se adelanten al año siguiente.
- Compruebe la bandeja al cabo de unos días.

7. Destapar una vez germinadas las semillas

- Exponga las semillas a la luz del sol una vez germinadas para evitar un crecimiento desgarbado.
- Coloque las semillas sensibles a las heladas en un invernadero o un marco frío donde puedan recibir la luz del sol al tiempo que están protegidas del frío.

- Coloque la bandeja de semillas en un alféizar soleado para las variedades que no son sensibles al frío si vive en un clima extremadamente frío.
- Gire la bandeja cada día para que todas las semillas reciban la luz del sol de manera uniforme.
- Mantenga el nivel de humedad rociando con agua cuando sea necesario.
- Mantenga los plantones alejados de la luz solar directa y de condiciones de viento extremo.

8. Trasplantar los plantones a las macetas

- Trasplante las plántulas a macetas una vez que aparezcan algunas hojas verdaderas (las hojas que pueden realizar la fotosíntesis).
- Riegue el compost y saca las plántulas con cuidado utilizando una cucharilla, un palito o una paleta para no dañar las pequeñas raíces.
- Haga un pequeño agujero en el sustrato de la maceta con el dedo. Coloque el plantón dentro y presiona suavemente la tierra alrededor de las raíces.

9. Proteger los plantones de la luz solar directa

- Mantenga los plantones alejados de la luz solar directa durante una semana hasta que echen raíces en la nueva tierra.

10. Ayudar a los plantones a endurecerse

- Proteja los plantones del viento y la luz solar intensos.
- Exponga las plántulas a las condiciones exteriores durante una hora al día durante una semana antes de trasladarlas definitivamente al exterior.

Calendario de siembra

Como en todo, el momento es crucial en jardinería. En el capítulo anterior, hablé de la importancia de planificar las plantas que quiere cultivar con un año de antelación. Si utiliza como referencia las fechas medias de las heladas en su región, podrá aprovechar al máximo las diferentes estaciones a lo largo del año. Recuerde que una fecha de helada es la fecha media de la última helada ligera en primavera o la primera helada ligera en otoño. Puede averiguar la fecha de helada de su zona en el siguiente sitio web:

https://www.almanac.com/gardening/frostdates o simplemente busca en Google su ciudad o región escribiendo, por ejemplo: "*Frost date Oklahoma City*" en la barra de búsqueda de Google.

Aquí tiene algunos consejos que te ayudarán a planificar los cultivos que quiere hacer:

- Siembra semillas de hortalizas de temporada fría como patatas, ajos, ruibarbos, espárragos y cebollas entre ocho y diez semanas antes de la fecha de la última helada de primavera.

- Trasplante al huerto las hortalizas amantes del frío entre cuatro y seis semanas antes de la fecha media de la última helada de primavera.

- Traslade al huerto las hortalizas amantes del calor y empiece a sembrar la segunda tanda de semillas de plantas de temporada fría en el suelo alrededor de la fecha media de las primeras heladas y entre dos y cuatro semanas después.

- Siembre la segunda tanda de semillas de hortalizas amantes del calor aproximadamente entre seis y ocho semanas después de la fecha media de la primera helada.

- Siembre las semillas de las plantas de temporada fría entre ocho y diez semanas antes de la fecha de la primera helada del otoño.

- Siembre la segunda tanda de semillas para cultivos de temporada fría entre cuatro y seis semanas antes de la fecha media de la primera helada del otoño. Esta ronda puede incluir patatas, cebollas y ajos, que pueden cosecharse la primavera siguiente.

- Intente que cada mes haya una mezcla equilibrada de hortalizas diferentes y añada algunas flores a su huerto para atraer a los polinizadores y otros insectos beneficiosos.

- Calcule cuánto consumirá realmente los distintos tipos de hortalizas antes de plantarlas. Unas cuantas tomateras robustas pueden proporcionar un excedente de cosecha. Puede hacerlo más manejable cultivando distintas variedades. Por ejemplo, los tomates cherry, de crecimiento rápido, pueden utilizarse para aperitivos o ensaladas; los tomates grandes, tipo "bistec", para cortar en rodajas, y los tomates tipo "Roma", para hacer conservas y salsas.

Calendario de siembra

Enero

Exterior: Nada
Interior: semillas de coliflor,
grelos, rábanos, semillas de
lechuga, semillas de espinacas

Febrero

Guisantes tempranos
Interior: plantas de pepino,
col lombarda y col blanca,
semillas de colirrábano,
semillas de rábano, apio

Marzo

Rúcula (una siembra temprana y
otra tardía), Lechuga punta de
flecha de bronce, Perejil, mangostán
Tomates, pimientos, tomillo en el
alféizar de la ventana en el
interior

Abril

Rúcula (dos siembras)
Lechuga punta de flecha
bronce, Perejil, Zanahorias
(dos siembras), Albahaca (en
el alféizar interior)

Mayo

Mizuna, Zanahorias (dos siembras),
Plantar: tomates, pimientos,
tomillo, Calabacines en el alféizar,
Plantar albahaca

Junio

Zanahorias (dos siembras),
Mizuna, Sembrar
calabacines, coliflor, col
puntiaguda, col china,
coliflor minarete

Julio

Mizuna y 2ª siembra de:
remolachas, rábanos, zanahorias,
cebollino y perejil zanahoria. Judías
verdes

Agosto

Mizuna, semillas de rúcula,
semillas de espinacas, semillas
de verdolaga de invierno,
semillas de ramenas, Rúcula

Septiembre

Mizuna (para invernar a cubierto),
Rúcula / Lechuga / Espinaca, (para
invernar a cubierto o en el
exterior)

Octubre

Ajo

Prepare el huerto para el
invierno

Figura 6.1: Ejemplo de siembra para muchas áreas en las zonas USDA 4-6.

La siembra de invierno es una forma sencilla de sembrar semillas al aire libre cuando hace frío. Las semillas se plantan en pequeños invernaderos construidos con envases de plástico reciclado que se colocan al aire libre en la nieve. Las semillas germinan a su propio ritmo, una vez que el tiempo empieza a calentarse en primavera.

Este método es muy cómodo, ya que no requiere equipos especiales ni luces de cultivo. Además, la siembra de invierno da lugar a plántulas robustas que no necesitan endurecerse. Para preparar los mininvernaderos, haga agujeros en el fondo del recipiente de plástico para el drenaje y en la tapa para la ventilación. Rellene 3 o 4 pulgadas del recipiente con tierra para macetas o mezcla para semillero.

Espolvoree las semillas, asegurándose de espaciarlas para que luego sea más fácil separar las plántulas. Rocíe la tierra con agua y déjala escurrir antes de cerrar la tapa y trasladar sus mini invernaderos al exterior. Vigile los recipientes para asegurarse de que la tierra no se seque y las plántulas no se sobrecalienten. Aumente la ventilación haciendo más agujeros en la tapa o dejándola abierta si la temperatura dentro del contenedor es demasiado alta.

Una vez que las plántulas sean lo bastante altas como para tocar la parte superior, retira las tapas. La tierra puede secarse bastante rápido en este punto, así que vigílala a lo largo del día y rocíala con agua si es necesario. La siembra de invierno puede realizarse cuando te convenga, pero a mí me gusta esperar a que las temperaturas bajo cero lleguen para quedarse. Es especialmente adecuada para plantas anuales resistentes, hierbas aromáticas, hortalizas de estación fría y plantas perennes. Si utiliza paquetes de semillas, compruebe en la etiqueta términos como "autosiembra", "siembra directa en el exterior a principios de primavera", "estratificación en frío" y "siembra directa en el exterior en otoño".

Como entusiasta de la permacultura, soy una gran defensora de los huertos autosuficientes. Una de las mejores formas de conseguir la autosuficiencia en su huerto urbano es guardar las semillas. Abra las verduras y seque las semillas. Colóquelas en una bolsa para bocadillos o en un tarro. Etiquételas y guárdelas para la próxima temporada.

Los cartones de huevos de plástico pueden utilizarse como mini invernaderos para cultivar semillas bajo luces fluorescentes o en el alféizar de la ventana. Las botellas de spray domésticas pueden reutilizarse para soluciones caseras de control de plagas, como jabón líquido diluido o aceite vegetal. Las sábanas viejas pueden usarse como paños de sombra, mientras que las prendas de vestir, como las medias, pueden utilizarse como eslingas de soporte para ayudar al crecimiento vertical de calabazas y melones de invierno. En el capítulo 3, vimos distintos métodos para hacer compost casero y cómo los residuos de cocina pueden servir para enriquecer la tierra de las plantas.

Además, muchas frutas y verduras pueden conservarse convirtiendo los excedentes de la cosecha en purés, pastas y mermeladas. Conservar, congelar, encurtir y deshidratar son otros métodos que podemos utilizar para almacenar alimentos. Estas técnicas garantizan un suministro constante de alimentos durante todo el año.

Puede comprar semillas a distintas empresas o guardar las suyas propias. La siembra de semillas es un método sencillo y directo que requiere cierta atención. La exposición gradual a las condiciones del exterior ayuda a las pequeñas plántulas a adaptarse a las inclemencias del tiempo. Sin embargo, la siembra de invierno no requiere que las semillas se endurezcan.

Las semillas cultivadas con meticuloso cuidado dan lugar a hortalizas de hoja verde y frutas deliciosas. En el próximo capítulo analizaremos más de cerca las distintas plantas y sus necesidades específicas. Veremos técnicas y prácticas para mantener sus plantas sanas y felices. Veamos qué hace falta para que sus plantas sonrían.

CAPÍTULO 7

El directorio de plantas: ¡Elija usted!

Tomates frescos de la viña, espinacas crujientes, pimientos ardientes y deliciosas calabazas: ¡todo a su alcance! No, no es solo un sueño. Con un poco de esfuerzo, pronto disfrutará de productos frescos temporada tras temporada en su propio huerto en macetas.

Veamos algunas plantas perfectas para macetas, ¡para que empiece con buen pie!

Verduras

Consulte la tabla de rusticidad de su región para saber qué hortalizas crecen mejor en ella. El momento de elegir las plantas es crucial. Las plantas tiernas de temporada cálida son la mejor opción para finales de primavera o verano. Estas plantas no toleran las heladas ni las temperaturas nocturnas inferiores a 13 °C (55 °F). Por su parte, las plantas resistentes y semirresistentes de estación fría son adecuadas para los huertos de otoño.

He aquí algunas hortalizas que puede cultivar en su huerto urbano para tener éxito desde el principio:

Judías de mesa

- Siembre en el interior a mediados de la primavera o mantenga las macetas en el exterior a finales de la primavera.

- Entierre las semillas grandes 5 cm (2 pulgadas) en el compost y mantenga un espacio de 15 cm (6 pulgadas) entre las semillas.
- Elija un recipiente profundo con un diámetro de 45 cm (18 pulgadas).
- Añada un soporte resistente, de al menos 180 cm (6 pies) de altura.
- Coloque las judías en una zona soleada y protegida de los vientos fuertes.
- Evite que la tierra se seque, ya que estas plantas requieren altos niveles de humedad.
- Ate las plantas jóvenes a los soportes y aplica fertilizante semanalmente una vez que aparezcan las flores. (Puede elaborar fácilmente su propio abono basándote en el capítulo 3).
- Recoja las judías jóvenes para fomentar más cosechas.

Judías verdes

- Presione las semillas 5 cm (2 pulgadas) en el suelo en macetas pequeñas.
- Manténgalas en el interior a mediados de primavera.
- Trasplante las plántulas al exterior desde finales de primavera hasta principios de verano.
- Proteja las semillas de las heladas y manténgalas en condiciones cálidas para favorecer la germinación.
- Utilice un recipiente profundo con un diámetro de 45 cm (18 pulgadas) y deja un espacio de 20 cm (8 pulgadas) entre las plantas.
- Asegúrese de endurecer las plántulas antes de trasladarlas al exterior.
- Mantenga los plantones a pleno sol, al abrigo de los vientos fuertes.
- Proporcione un soporte de 180 cm (6 pies) para las variedades trepadoras.
- Mantenga la tierra constantemente húmeda y abone cuando aparezcan las flores.

Rábanos

- Siembre estas plantas de crecimiento rápido y bajo mantenimiento desde principios de primavera hasta el otoño.
- Proteja las siembras tempranas y tardías del frío.
- Coloque los recipientes a la sombra durante el verano.
- Siembre las semillas ¾ pulgadas (2 cm) en el suelo y mantenga las hileras separadas 6 pulgadas (15 cm).
- Mantenga la tierra bien regada.
- Pode regularmente los rábanos para hacer espacio.
- Siembre los rábanos de verano con una separación de un centímetro y los tipos de invierno con una separación de 10 cm.
- Recoja los rábanos de verano en cuanto maduren.
- Coseche los rábanos cuando sean pequeños y dulces y prepare nuevas siembras para mantener un suministro constante.

Guisantes

- Siembre guisantes tempranos en el exterior a principios de primavera o a finales de invierno si su región tiene un clima moderado.
- Siembre otras variedades, como guisantes tirabeques y arvejas, desde mediados de primavera hasta principios de verano.
- Presione las semillas una pulgada en el suelo, casi 2 pulgadas aparte.
- Utilice una maceta de 30 cm de diámetro y colóquela en un lugar soleado.
- Riegue regularmente y abone semanalmente, sobre todo cuando aparezcan las flores.

Verduras de hoja verde

Acelga

- Siembre las semillas en las macetas definitivas o cultiva las plántulas en bandejas de siembra.

- Siembre las semillas a ½ pulgada (1,5 cm) de profundidad a finales de primavera para la cosecha de verano y a finales de verano para la cosecha de invierno y primavera.
- Plante las plántulas con una separación de 10 cm (4 pulgadas) para las variedades de hoja tierna o de 30 cm (1 pie) para las variedades maduras impresionantes.
- Elija una maceta grande y manténgala a pleno sol o a una sombra ligera.

Col rizada

- Siembre las semillas en bandejas en el interior desde mediados hasta finales de la primavera.
- Cubra las semillas con 2,5 cm de tierra.
- Mantenga la tierra húmeda regándola regularmente hasta que germinen las semillas.
- Endurezca los plantones antes de trasladarlos al exterior.
- Trasplante las plántulas a macetas a principios de verano.
- Añada alimento líquido con fertilizante rico en nitrógeno a principios de primavera.
- Coseche las hojas exteriores en dos meses.

Lechuga/Rocket/Sorrel

- Siembre las semillas durante la primavera en la maceta definitiva y cúbralas con una fina capa de tierra.
- Coloque las semillas a una distancia de 10 cm.
- Riegue la tierra y mantenga las macetas al aire libre o en el interior.
- Endurezca los plantones antes de trasladarlos al exterior.

Raíces

Zanahorias

- Utilice una maceta colgante o envuelva el borde de la maceta con una malla fina para ahuyentar plagas como la mosca de la zanahoria, las babosas y los caracoles.

- Congele las semillas unos días antes de sembrarlas para que experimenten un mayor cambio de temperatura en el momento de la siembra. De este modo, la germinación será más rápida.

- Siembre cada pocas semanas desde principios de primavera hasta finales de verano.

- Utilice variedades de cultivo rápido, como las zanahorias de raíz redonda y las de tipo corto, que se dan bien en macetas.

- Utilice bolsas de cultivo o macetas de al menos 25 cm de ancho y profundidad.

- Siembre las semillas a ½ pulgada (1,5 cm) de profundidad y mantenga una distancia de 15 cm entre ellas o espárcelas finamente por el suelo.

- Riegue con constancia, pero evite el riego excesivo.

- Coseche 12 semanas después de la siembra.

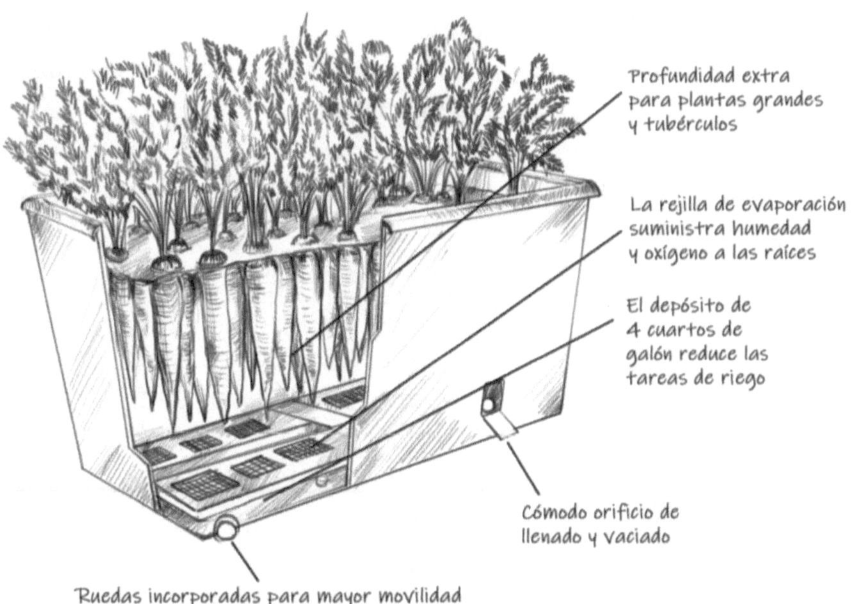

Figura 7.1: Cultivo de zanahorias en recipientes de plástico.

Remolacha

- Utilice recipientes de 25 cm de profundidad para obtener remolachas de buen tamaño.

- Elija variedades resistentes a los pernos y siembre a principios de primavera.
- Siembre otras variedades desde mediados de primavera hasta finales de verano.
- Siembre las semillas a ¾ de pulgada (2 cm) de profundidad y a una distancia de 2 pulgadas (5 cm). Repita cada pocas semanas para mantener un suministro constante durante el verano y el otoño.
- Riegue constantemente para evitar que la tierra se seque.
- Aclare las hojas dos o tres veces cuando midan de 7 a 10 cm (3 a 4 pulgadas).
- Coseche las remolachas pequeñas para ensalada en nueve semanas y las raíces grandes en tres meses.
- Tire suavemente de las raíces retorciéndolas.

Patatas

- Utilice una maceta grande, cubos de cultivo, bolsas de plástico resistentes o cubos con agujeros en el fondo.
- Deje que las patatas de siembra broten a principios de primavera colocándolas en una caja de madera/cartón con ventilación.
- Coloque los extremos con más ojos hacia arriba y guarda las hueveras en un alféizar fresco.
- Trasplantar a macetas o bolsas de cultivo cuando los brotes midan ¾ de pulgada (2 cm) a mediados o finales de la primavera.
- Llene un tercio de un recipiente de cultivo o una maceta grande con compost y distribuya uniformemente cinco patatas en la superficie con los brotes hacia arriba.
- Cubra las patatas con 15 cm de compost y riéguelas bien.
- Añada abono alrededor de las plantas periódicamente a medida que crecen, ya que así se fomenta la formación de más tubérculos, se evitan daños en los cultivos por la exposición a la luz y se minimizan los daños por heladas.
- Agua consistentemente.
- Coseche cuando las plantas empiecen a florecer.

Figura 7.2: las bolsas crecen con la planta.

Chiles y pimientos dulces

- Siembre las semillas en el interior a principios de primavera.
- Endurezca los plantones antes de trasladarlos al exterior.
- Utilice una maceta de 20 cm (8 pulgadas) de profundidad para cada planta y colóquela en un lugar soleado.
- Evite regar en exceso los pimientos o darles fertilizantes en exceso.
- Rocíe las plantas con agua cuando estén floreciendo.
- Añada abono una vez cada dos semanas después de que se formen los frutos.
- Ate los tallos a estacas para proporcionar apoyo y recoja los frutos cuando estén verdes e inmaduros para fomentar el crecimiento de más cosechas.

Berenjenas

- Siembre las semillas en el interior a principios de primavera en un alféizar cálido.
- Transfiera las plantas jóvenes a macetas de 20 cm (8 pulgadas) y trasládelas al exterior si las noches están libres de heladas.
- Coloque en un lugar soleado y protegido.

- Proporcione un alto grado de humedad nebulizando agua con frecuencia o colocando las macetas en bandejas llenas de agua o grava.
- Recorte las puntas de las plantas cuando alcancen una altura de 20 cm para hacerlas más tupidas.
- Añada abono cada dos semanas y mantenga la tierra bien regada.
- Ate los tallos a estacas para que sirvan de soporte.
- Coseche los frutos cuando estén brillantes y gordos.
- Corte los frutos con podaderas o un cuchillo en lugar de arrancarlos.

Tomates

- Siembre las semillas en el interior a principios de primavera y transfiéralas a macetas cuando crezcan.
- Utilice una maceta de 25 cm de ancho y llénela de abono hasta 5 cm por debajo del borde.
- Plante los tomates profundamente en la tierra.
- Para las variedades de cordón alto (indeterminadas), utilice cañas de bambú altas o tutores resistentes. Las variedades arbustivas y colgantes no necesitan soporte.
- Ate los tallos sin apretar a los tutores con hilo de jardinería a medida que la planta crezca.
- Pellizque los brotes laterales (también llamados chupones) que crecen entre el tallo principal y las hojas en las variedades de cordón.
- Deje brotes laterales en las tomateras tipo arbusto.
- Aplique abono cada semana y añada compost adicional si las raíces quedan al descubierto.
- Pellizque la punta de crecimiento cuando la planta alcance la parte superior de su estaca.

Calabacines

- Siembre en el interior a 2,5 cm de profundidad en pequeñas macetas a mediados de primavera o en el exterior a finales de primavera.

- Endurezca las plantas jóvenes antes de trasladarlas a macetas grandes o bolsas de cultivo para evitar daños por heladas.
- Conserve en un lugar soleado y resguardado.
- Riegue constantemente y añada abono cada semana.
- Corte los frutos con un cuchillo o retorcerlos cerca del tallo.

Pepinos

- Coloque los pepinos tipo cresta en un espacio cálido y protegido, en una mezcla de tierra fértil y bien drenada.
- Mantenga a cubierto las variedades de piel lisa y larga y proporcióneles mucho calor.
- Elija cultivares "exclusivamente femeninos", ya que los frutos polinizados suelen tener un sabor amargo.
- Siembre las semillas a un centímetro de profundidad en el compost y manténgalas en el interior a mediados de primavera.
- Endurezca los pepinos acanalados antes de trasladarlos al exterior para evitar daños por heladas.
- Cubra las plantas jóvenes con campanas durante el invierno.
- Coloque las plantas en espaldera, estacas o redes.
- Riegue constantemente y añada abono cuando empiece la fructificación.
- Coseche los frutos a medida que maduran a mediados del verano para favorecer más cosechas.

Bayas y grosellas

Fresas

- Utilice cestas colgantes para protegerlas de las plagas y colóquelas en una zona luminosa y soleada.
- Forre la cesta con plástico resistente para que el compost retenga la humedad y haga agujeros de drenaje.
- Llene la cesta con compost multiusos mezclado con cristales que retienen el agua.
- Mantenga la tierra constantemente húmeda.
- Cubra las frutas con redes para protegerlas de los pájaros.

- Aplique abono líquido cada dos semanas tras la aparición de los frutos.

Moras

- Elija una maceta de 18 pulgadas y llénela de abono a base de tierra.
- Coloque a pleno sol o en sombra parcial.
- Sujete los tallos con estacas o enrejados.
- Utilice redes para proteger la fruta de los pájaros.
- Riegue regularmente y no dejes que la tierra se seque.
- Añada una nueva capa de compost mezclado con abono granulado multiuso en primavera.
- Pode las partes muertas, enfermas y dañadas de la planta, así como las ramas que se cruzan entre sí para aumentar la circulación del aire. Lo mejor es podar los arbustos durante el mes de marzo.
- Trasplante las plantas cada dos años.

Grosellas negras

- Plántelas desde finales de otoño hasta finales de invierno en macetas profundas de 18 pulgadas de ancho.
- Utilice una mezcla de tierra y compost.
- Mantener en una zona protegida a pleno sol o sombra parcial.
- Añada abono desde la primavera hasta principios del verano.
- Mantenga las plantas bien regadas.
- Pode cortando anualmente entre un cuarto y un tercio de las ramas, centrándose en el crecimiento improductivo y débil.
- Realice los cortes a poca altura para fomentar un crecimiento fuerte cerca de la base eliminando los brotes débiles y la madera muerta.

Tallos y bulbos

Cebollas

- Manténgalas cerca de las zanahorias para repeler la mosca de la zanahoria.

- Elija una maceta grande con buen drenaje y manténgala en un lugar soleado en el exterior.
- Rellene los recipientes con compost multiusos y prense las semillas a ¾ de pulgada de profundidad durante la primavera.
- Separe las plántulas 10 cm (4 pulgadas).
- Mantenga la tierra constantemente húmeda; sin embargo, evite regar en exceso o abonar en exceso.
- Coseche los bulbos durante todo el verano o cuando sea necesario.

Ruibarbo

- Plante las plantas jóvenes, conocidas como "coronas", a principios del invierno o a principios de la primavera en macetas de 30 cm (12 pulgadas) de ancho que drenen bien.
- Utilice una mezcla de estiércol bien descompuesto y compost.
- Añada cristales que retengan el agua para ayudar a la tierra a retener la humedad.
- Bloquee la luz solar colocando un cubo o una maceta de terracota sobre la planta desde finales del invierno hasta principios de la primavera. Esto dará lugar a tallos de color rosa pálido y sabor dulce.
- Aplique abono universal y añada una nueva capa de compost a principios de primavera.
- Coseche los tallos desde la primavera hasta principios del verano retorciéndolos y tirando de la base.
- Evite cosechar durante el primer año, dejando que las plantas construyan primero un sistema radicular fuerte.

Ajo

- Cultive los dientes de ajo en una maceta grande, profunda y con buen drenaje, expuesta a la luz solar directa.
- Rellene la maceta con compost multiusos.
- En otoño o a finales de invierno, introduzca en el compost clavos de olor firmes y sanos, con el extremo puntiagudo hacia arriba.
- Separe los clavos 15 cm entre sí.

- Mantenga la tierra bien regada; sin embargo, evite regar en exceso.
- Coseche los bulbos maduros a finales del verano.

Árboles enanos para macetas

Puede que esto le sorprenda, pero con los cuidados adecuados, muchos árboles frutales florecen en macetas, produciendo una abundante cosecha. Puede tener manzanas, peras, melocotones, albaricoques, nectarinas, cerezas, higos y ciruelas creciendo en su balcón y disfrutar de estas deliciosas frutas durante todo el año.

Es importante elegir árboles injertados en portainjertos enanos o comprar variedades compactas. Utilice recipientes de 50 cm de diámetro, llenos de tierra y una mezcla de compost. Asegúrese de que tengan un buen drenaje y mantenga la tierra húmeda en todo momento. Lo mejor es un patio o balcón soleado donde las plantas estén protegidas de los vientos fuertes. Cada primavera, aplique un abono granulado multiuso o compost, y transfiera las plantas a macetas un poco más grandes cada año. Una pared cálida y orientada al sur es perfecta para los melocotones y los higos; sin embargo, las plantas pueden requerir un riego más frecuente.

Veamos los requisitos de algunos árboles enanos comunes:

Melocotoneros enanos

- Traslade las macetas al interior durante el invierno para evitar daños por heladas y minimizar el riesgo de enrollamiento de las hojas del melocotonero.
- Fomente la polinización espolvoreando las flores con un cepillo suave.

Higueras

- Elija macetas estrechas que limiten el crecimiento de las raíces, lo que favorece la fructificación.
- Coloque las macetas junto a una pared soleada y trasládelas al interior en invierno.
- Retire los frutos verdes que no maduren a finales de otoño.

Cerezas

- Entrénelos contra una pared o una valla.
- Utilice macetas de malla para los árboles crecidos para proteger los frutos de los pájaros.
- Podar los tallos fructíferos después de la cosecha.

Albaricoques

- Cultive contra una pared soleada durante el verano.
- Cubra las flores con vellón durante el invierno.
- Retire las bolsas de vellón en los días cálidos para permitir la polinización.

Manzanas

- Utilice macetas grandes con buen drenaje y colóquelas en un lugar soleado.
- Proteger de los vientos fuertes, permitiendo que los insectos polinicen las flores y evitando que los recipientes se vuelquen.
- Elija árboles jóvenes (de dos o tres años) injertados en portainjertos enanos.
- Añada una capa de grava o macetas de arcilla rotas sobre el orificio de drenaje.
- Añada compost a base de tierra mezclado con un fertilizante de liberación lenta.
- Riegue bien y utilice mantillo de estiércol bien descompuesto o compost, asegurándose de dejar algo de espacio alrededor del tallo.

Limones

- Plántelas en macetas que drenen bien y rellene el orificio de drenaje con grava o trozos de arcilla antes de añadir la mezcla de tierra y compost.
- Colóquelas en un lugar luminoso e iluminado por el sol o en sombra parcial. En general, las plantas de cítricos prefieren temperaturas de entre 15 y 30 °C (60-85 °F).
- Traslade las plantas al interior durante el invierno para protegerlas de las heladas.

- Proteger del calor excesivo: 32°C (90°F) o más.
- Riegue cuando la capa superior se seque; sin embargo, no deje que la tierra se seque por completo, ya que podría provocar la caída de las hojas.

Hierbas

Las hierbas aromáticas son excelentes para los principiantes. Ocupan los espacios más reducidos y encajan perfectamente en cestas colgantes o en macetas entre otros cultivos. Elija entre una selección de plantas perennes como la mejorana y el tomillo. Estas plantas están adaptadas al clima cálido y seco, por lo que necesitan un suelo que drene bien y mucho sol. Otras hierbas bastante fáciles de cultivar son la menta y el cebollino, que prefieren un suelo húmedo y sombra parcial.

Las hierbas anuales, como la albahaca y el cilantro, pueden sembrarse por tandas a partir de la primavera para garantizar un suministro continuo. El perejil puede sembrarse a principios de primavera o comprar plantas jóvenes en el vivero para cosechar durante todo el año hasta la primavera siguiente, cuando las plantas empiezan a sembrar.

Aunque a las hierbas les gusta la tierra con buen drenaje, mantenga el abono constantemente húmedo, ya que la tierra seca puede hacer que las plantas empiecen a producir semillas rápidamente. Utilice una cantidad generosa de hierbas en su cocina, ya que la recolección regular fomenta el crecimiento de nuevas plantas, lo que hace que éstas se vuelvan más tupidas. Mantenga las macetas en un alféizar soleado en el interior durante el otoño para que su crecimiento no se ralentice con la bajada de las temperaturas.

Una serie de hierbas poco exigentes como la mejorana, el cebollino y la albahaca prosperan en cestas colgantes, creando un llamativo despliegue de follaje verde brillante. Las hierbas arbustivas como el romero, la salvia y el laurel quedan bien en macetas como plantas decorativas perennes. Tanto la salvia como el romero son plantas de crecimiento rápido en las que merece la pena invertir, sobre todo si quieres convertirlas en topiarios. Plante estas hierbas arbustivas en un sustrato a base de tierra y a pleno sol.

El romero y la salvia deben podarse después de la floración para mantener las plantas compactas y favorecer el nuevo crecimiento. Del mismo modo, recorte las puntas de los brotes de laurel para mantener un aspecto ordenado y tupido. Todas las hierbas deben regarse con regularidad; sin embargo, el laurel y el romero deben cubrirse con vellón durante el invierno para protegerlas del frío. Trasplante las plantas a macetas un poco más grandes cada dos años para que sigan floreciendo.

Cómo hacer una maceta

En una misma maceta puede cultivarse una gran variedad de hierbas aromáticas. Es importante elegir plantas que prefieran las mismas condiciones de cultivo. Por ejemplo, no añada menta a una maceta con otras plantas, ya que se propaga rápidamente y puede abrumar a sus vecinas. Puede trasplantar las hierbas a macetas más grandes al cabo de una o dos temporadas.

Aquí tiene una guía paso a paso para hacer su propia maceta de hierbas:

1. Elija un recipiente grande con agujeros en los laterales. También puede hacer agujeros en los laterales de un recipiente de terracota para plantas trepadoras.
2. Coloque trozos de vasija de barro rotos sobre el orificio de drenaje del fondo.
3. Rellene con una mezcla de tierra y compost.
4. Coloque las plantas rastreras y trepadoras en los agujeros después de envolver sus tallos frondosos con papel de periódico y empujarlos a través de los agujeros.
5. Retire el periódico después de la plantación y repita la operación en cada hoyo.
6. Cubra las raíces con compost.
7. Pozo de agua.

Verduras frescas, árboles frutales, bayas jugosas y hierbas aromáticas: en su huerto urbano puede cultivar casi cualquier cosa. Con tanta variedad de plantas entre las que elegir, puede que te preocupe que su espacio de jardinería sea lo bastante grande para que quepan todas. ¿Debería atiborrar su balcón o patio de macetas o conformarse con menos?

En el capítulo 5 hablamos brevemente de la siembra asociada. La siguiente parte está repleta de consejos prácticos que te ayudarán a hacer un buen uso de las plantas asociadas, para que no se quede sin sus plantas favoritas por falta de espacio. Veamos, pues, algunas formas inteligentes de introducir más plantas en su huerto urbano.

Consejos prácticos y recetas probadas para la siembra asociada

Tanto si tiene un pequeño alféizar como un balcón soleado o un patio espacioso, puede satisfacer sus necesidades nutricionales cultivando varias plantas en las mismas macetas o utilizando recipientes de distintos tamaños. Agrupar plantas con necesidades similares también facilita su cuidado. Veamos algunas recetas de plantación que pueden ayudarte a cultivar más plantas, ahorrar espacio y reducir el trabajo a la mitad.

Cóctel de hierbas

Las hierbas resistentes son perfectas para quienes cultivan plantas por primera vez. Se pueden cosechar durante una larga temporada y resultan muy útiles en la cocina. Puede cultivar una gran variedad de hierbas en una sola maceta; sin embargo, es mejor cultivar el perejil por separado porque tiende a sembrar en su segundo año y puede ser necesario sustituirlo. Una buena combinación es juntar tomillo, mejorana, cebollino y salvia con plantas trepadoras como brachyscome y petunias.

Elija recipientes grandes de al menos 25 cm de diámetro o macetas pequeñas de unos 15 cm de diámetro. Coloque las macetas en una zona soleada cerca de la cocina y rellénalas con la clásica mezcla para macetas a base de tierra. Aquí tiene una lista de hierbas aromáticas que me gusta plantar juntas en mi maceta:

1. 1 x Mejorana dorada
2. 1 x Perejil
3. 1 x Salvia variegada
4. 1 x Bahía
5. 1 x Cebollino
6. 1 x Tomillo limón dorado

Plante las hierbas en primavera, después de la última helada, en recipientes que drenen bien. A mí me gusta plantar tomillo y flores en los agujeros de los laterales de una maceta grande y colocar las demás hierbas en la parte superior. También puede plantar un recipiente pequeño con perejil y flores. Mantenga la tierra constantemente húmeda durante el verano y riegue con menos frecuencia cuando bajen las temperaturas. Traslade las hierbas a macetas más grandes cada dos años.

Delicias mediterráneas

Piense en flores de colores brillantes y olor dulce y en deliciosas hortalizas creciendo en un rincón soleado. Esta combinación incluye una amplia gama de variedades de tomate, combinando "Tigerellas" rayadas con tomates cherry y "Sungolds". Las berenjenas y las caléndulas de color naranja intenso añaden un toque estético a esta receta.

Elija macetas de 10 pulgadas de diámetro para los tomates y las berenjenas y de 15 cm para las caléndulas. Un balcón o patio soleado donde las plantas estén protegidas de los vientos fuertes es perfecto para el exuberante despliegue de una mezcla mediterránea.

Veamos las plantas que componen esta exótica combinación:

1. Una maceta de caléndula (Calendula)
2. 1 x Berenjena
3. 1 tomate Sungold
4. 1 x Tomate Tigerella
5. 1 x Tomate cherry

Asegúrese de endurecer los tomates y las berenjenas jóvenes a finales de primavera, y garantiza un drenaje adecuado. Añada tutores para sujetar los tomates y riegue con constancia, asegurándose de que la tierra no se seque. Aplique abono para tomates una vez a la semana después de que aparezcan los primeros frutos.

Ensaladas en abundancia

Las coloridas hojas de ensalada, las flores comestibles y las hierbas de esta receta estarán listas para recoger en solo seis semanas. Todo lo que necesita es un cubo metálico grande para cultivar lechugas moradas y verdes y una cesta de mimbre para la lechuga "Simpson de semillas negras" y la mostaza con una pizca de caléndulas comestibles. El tomillo limón variegado de la tercera maceta añade un toque de color y fragancia, mientras que los cosmos plumosos producen flores parecidas a las margaritas en verano. Puede coger las hojas de cada maceta y las plantas seguirán creciendo durante semanas. Una maceta o contenedor metálico de 20 x 20 cm colocado a pleno sol o en sombra parcial es perfecto para este montaje. Por supuesto, también puede optar por otros tipos de recipientes; éstos son solo mis ejemplos favoritos tanto por su funcionalidad como por su belleza.

Necesitará las siguientes plantas para esta receta:

1. Un paquete de semillas de lechuga "Dazzle
2. Un paquete de semillas "Green Frills
3. Un paquete de semillas de lechuga "Black Seed Simpson
4. 2 macetas de caléndulas (Calendula)
5. Un paquete de semillas de mostaza "Red Giant
6. 1 x Tomillo limón
7. 3 x Cosmos (opcional)

Forre la cesta con plástico resistente y haga algunos agujeros para asegurar un buen drenaje. Rellénela con abono y plante tomillo y caléndulas a mediados de primavera. Espere a que haga más calor para plantar cosmos. Para la lechuga Simpson de semillas negras, nivele la tierra y siembre finamente junto con las semillas de mostaza. Marque bandas diagonales en la maceta y siembre finamente lechuga morada y verde para que no se mezclen. Cubra con una ligera capa de compost y riegue generosamente.

Dele sabor a su huerto urbano añadiendo una colorida colección de guindillas y pimientos dulces. Estas plantas pequeñas y tupidas producen flores blancas seguidas de frutos que maduran en brillantes tonos naranja, rojo, amarillo y morado. Los frutos color joya pueden complementarse con mejorana dorada y margaritas mexicanas (*Erigeron karvinskianus*), ya que todas ellas crecen en suelos con buen drenaje y luz solar brillante.

Las macetas para este montaje deben tener un diámetro de 8 pulgadas. Los patios o balcones protegidos que reciben mucho sol son los mejores para la combinación de plantas de esta receta.

Estas son las plantas que necesitarás:

1. 1 x Guindilla "Numex Crepúsculo"
2. 1 guindilla "Fresno
3. 1 x Pimiento dulce "Sweet Banana
4. 1 x *Erigeron karvinskianus*
5. 1 x Mejorana dorada

Endurezca los pimientos y las plantas de guindilla antes de trasladarlos al exterior cuando acaben las heladas. Cubra los agujeros de drenaje con una capa de trozos de maceta de arcilla antes de añadir abono. Riegue la tierra cuando la superficie se note seca al tacto y añada abono cada dos semanas después de que aparezcan los frutos. Utilice tutores para sujetar las plantas cargadas de frutos y evitar que se caigan.

Imagínese hacer una barbacoa en el patio y tener cerca todas las verduras que va a necesitar. Los recipientes de esta receta están repletos de verduras que van directas a la parrilla. Piense en calabacines con sus enormes hojas y flores doradas, capuchinas comestibles perfectas para ensaladas y mazorcas de maíz recién cogidas que saben divinas asadas sobre las brasas. Termine el despliegue con una maceta de pimientos dulces y ¡su mezcla para barbacoa estará lista!

Los recipientes deben tener un diámetro de 80 cm y rellenarse con tierra abonada mezclada con estiércol bien descompuesto. Un patio soleado y protegido es el lugar perfecto para esta instalación.

1. 1 x Calabacín "Safari
2. 4 capuchinas (Tropaeolum) "Red Wonder
3. 3 callos "Earlybird
4. 1 x pimiento "Piel roja

Espere hasta después de la última helada para plantar calabacines, pimientos y maíz en el exterior. Plante el maíz en la parte trasera de las macetas y el calabacín en la delantera, con capuchinas en medio. Los pimientos van en otra maceta más pequeña. Riegue regularmente para evitar que la tierra se seque. Añada abono cada dos semanas a partir de que las plantas den sus primeros frutos.

Mezcla de hortalizas de raíz

Una colección shabby chic de cajas de madera rústica, macetas de terracota desconchadas y una vieja bolsa de arpillera forman la combinación perfecta para remolachas, zanahorias y patatas. Una pizca de cosmos añade una pizca de diminutas flores magenta que completan el llamativo conjunto.

Las cajas de madera deben tener un tamaño de 50 x 20 cm, mientras que las macetas de terracota deben tener 15 cm de diámetro. Los dos recipientes junto con una bolsa grande de arpillera son todo lo que necesita para su mezcla de verduras. Rellene la bolsa y los recipientes con la mezcla de tierra y compost y colóquelos en un lugar soleado donde las plantas estén protegidas de los vientos fuertes.

Estas son las plantas que necesitarás:

1. 3 plantas de Cosmos bipinnatus "Sonata
2. Un paquete de semillas de remolacha "Boltardy
3. Un paquete de zanahoria "Resistafly"
4. 3 x patatas de siembra, por ejemplo, 'Kestrel

Asegúrese de germinar previamente las patatas de siembra a principios de primavera (consulte el capítulo 6: Cómo dar *ventaja a sus semillas*) y forre las cajas con plástico. Utilice un tenedor para perforar pequeños agujeros en el plástico para facilitar el drenaje. Siembre semillas de zanahoria y remolacha a mediados de primavera y cúbrelas con una ligera capa de compost. Llene un tercio de la bolsa de arpillera con compost para las patatas. Sobre las patatas de siembra debe haber una capa de casi 15 cm de compost. Siga añadiendo compost a medida que crezcan las patatas y plante el cosmos en la maceta cuando haga más calor. Mantenga un riego constante y añada un fertilizante líquido equilibrado cada dos semanas.

Planificador de cultivos de temporada

Mezclar y combinar plantas con requisitos de crecimiento similares facilita el cuidado de su jardín. Compruebe la luz solar, la humedad y las necesidades nutricionales de sus plantas e intente elaborar algunas recetas por su cuenta. Eche un vistazo al planificador de cultivos de temporada para hacerte una idea de las plantas que puede cultivar juntas en función del clima. El planificador también le ayudará a asignar tareas a las distintas estaciones, para que tenga trabajo para todo un año.

Principios de primavera	Al aire libre	Sombra
Sembrar	ensalada de maíz, hinojo, col rizada, colinabo, puerro, lechuga, cebolla, perejil, guisantes, rúcula, remolacha, zanahoria, cebollino, chop suey, hojas verdes, cilantro, rábanos, cebolleta, espinacas, acelga, estragón	zanahorias, raíz de apio, maíz, pepinos, judías francesas enanas, berenjenas, lechugas, microgreens, fresas alpinas, rúcula, albahaca, remolachas, pimientos, tomates
Plantar	cebollinos, árboles y arbustos frutales, ajo, menta, cebollas y chalotas, patatas, ruibarbo, estragón	cítricos
Cosechar	cebollino, col rizada, puerro, microgreens, perejil, ruibarbo, romero, salvia, acelga, tomillo, hierbas de alféizar	

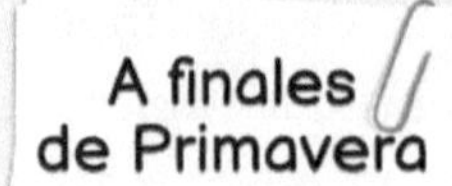

A finales de Primavera

	Al aire libre	Sombra
Sembrar	Berro americano, rúcula, remolacha, zanahoria, achicoria, cilantro, maíz, escarola, hinojo de Florencia, judías verdes, col rizada, colirrábano, lechuga, mizuna, espinacas, orégano, hojas de mostaza oriental, perejil, guisantes, achicoria, rábanos, judías verdes, cebolletas, acelga, tomillo	albahaca, maíz, pepinos, berenjenas, judías verdes, microgreens, judías, calabazas, verdolagas verdolaga, calabacín
Plantar	fresas alpinas, raíz de apio, hinojo, judías verdes, puerros, lechuga, menta, orégano, perejil, patatas, romero, judías verdes, tomillo	cítricos, pepinos, berenjenas, pimientos, tomates
Cosechar	rúcula, albahaca, remolacha, zanahoria, cebollino, chop suey verdes, cilantro, hinojo, grosella espinosa, colirrábano, microgreens, menta, orégano, perejil, guisantes, rábanos, ruibarbo, romero, salvia, cebolleta, espinacas, fresas, estragón, tomillo	

Principios de verano

	Al aire libre	Sombra
Sembrar	Berro americano, rúcula, remolacha, bokchoy, zanahorias, achicoria, chop suey verdes, cilantro, maíz, ensalada de maíz, pepinos, escarola, judías verdes, col rizada, colirrábano, lechuga, mizuna, orégano, hojas de mostaza oriental, guisantes, achicoria, rábanos, judías verdes, cebolletas, espinacas, calabazas, estragón, achicoria Witloof, calabacín.	albahaca microgreens
Plantar	raíz de apio, maíz, pepinos, hinojo de Florencia, col rizada, puerros, pimientos, romero, calabazas, tomates, calabacines	cítricos, pepinos, berenjenas, pimientos, tomates
Cosechar	berro americano, rúcula, albahaca, remolacha, zanahorias, cerezas, cebollino, chop suey verdes, ensalada de maíz, pepinos, grosellas, hinojo, grosellas espinosas, hierbas, colirrábano, lechuga, microgreens, espinacas, orégano, hojas de mostaza oriental, guisantes, patatas tempranas,	

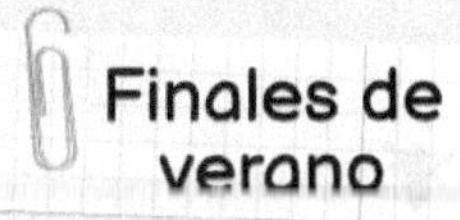

Finales de verano

	Al aire libre	Sombra
Sembrar	berro americano, rúcula, remolacha, bokchoy, zanahorias, chop suey verdes, cilantro, ensalada de maíz, col rizada, colirrábano, mizuna, mostaza oriental, achicoria, rábanos, cebolletas, espinacas, acelga suiza, estragón, lechuga de invierno	microgreens
Plantar	col rizada, puerros, fresas	
Cosechar	berro americano, manzanas, albaricoques, rúcula, albahaca, remolacha, moras, arándanos, bokchoy, zanahorias, cerezas, achicoria, guindillas, cebollino, chop suey verdes, cilantro, maíz, ensalada de maíz, pepinos, grosellas, berenjenas, escarola, hinojo, higos, hinojo de Florencia, ajo, judías verdes, lechuga, microgreens, menta, mizuna, nectarinas, espinacas, cebollas, orégano, perejil, melocotones, peras, guisantes, pimientos, patatas, achicoria, romero, judías verdes, salvia, chalotas, estragón, tomillo, tomates, calabazas, fresas, calabacín	

Otoño

	Al aire libre	Sombra
Sembrar	Berro americano, rúcula, guisantes, colirrábano, rábanos, lechuga de invierno	fresas alpinas, rúcula, verduras de ensalada cortadas y vueltas a cortar, microgreens
Plantar	Ajos, fresas, hierbas aromáticas, lechuga de invierno	
Cosechar	berro americano, manzanas, albaricoques, rúcula, remolacha, arándanos negros y azules, bokchoy, zanahorias, raíz de apio, achicoria, cebollino, chop suey verdes, maíz, ensalada de maíz, pepinos, berenjenas, escarola, hinojo, higos, judías verdes, hierbas aromáticas, col rizada, puerros, microgreens, mizuna, nectarinas, cebollas, hojas de mostaza oriental, melocotones, peras, pimientos, patatas, achicoria, rábanos, judías verdes, fresas, acelgas, tomates, calabazas de invierno, calabacines	

Invierno

	Al aire libre	Sombra
Sembrar	guisantes resistentes	microgreens
Plantar*	Árboles y arbustos frutales, ajo, ruibarbo	
Cosechar*	Berro americano, rúcula, raíz de apio, cítricos, ensalada de maíz, col rizada, puerros, microgreens, mizuna, hojas de mostaza oriental, perejil, acelga suiza, tomillo, hierbas de alféizar, lechuga de invierno, achicoria de Witloof	

* depende de la zona y el microclima.

Ahora que ya hemos tratado los principales componentes de la creación de un huerto urbano, hablemos de las estrategias para mantener el huerto sano y las plagas a raya. El capítulo 8 trata del cuidado del huerto y de técnicas eficaces para evitar contratiempos.

CAPÍTULO 8

Cómo gestionar su huerto

Como cultivador de plantas, tiene que estar preparado para contratiempos y sorpresas desagradables. Por ejemplo, puede que un día pasee por su jardín y observe algo extraño en el aspecto de su planta: hojas amarillentas, manchas descoloridas, manchas oscuras o residuos blancos pulverulentos. En este capítulo, repasaremos los pasos que puede dar para evitar encontrarse con problemas y mantener sus plantas florecientes en todas las estaciones.

Que una planta contraiga una enfermedad es de lo más desconcertante. Una maraña de preguntas puede arremolinarse en su cabeza: ¿Qué puede haberla causado? ¿Cómo evitar que se propague? ¿Cómo tratarla? El triángulo de la enfermedad es la mejor manera de entender la prevención de enfermedades. Para que se produzcan enfermedades en las plantas deben coincidir tres factores: un huésped enfermo (una planta enferma), un patógeno (hongo, bacteria, virus o plaga) y unas condiciones ambientales que favorezcan la transferencia del patógeno al huésped (humedad elevada o sequía).

La prevención de enfermedades implica eliminar uno de los factores mencionados. Aquí tiene algunas medidas que puede tomar para proteger sus plantas.

Esté atento a los problemas

Inspeccione las hojas y los tallos en busca de puntos muertos, podredumbre o insectos antes de llevar las plantas nuevas a casa. Observe la calidad de las raíces. Coloque la mano en la tierra con el tallo entre los dedos y dé la vuelta a la maceta. Sacúdala suavemente para desprender las raíces de la maceta. Las raíces deben parecer firmes, de color blanco y uniformemente espaciadas por todo el cepellón. Las raíces oscuras o blandas son señal de problemas.

Utilizar residuos totalmente compostados

Asegúrese de que el compost que utilices se haya descompuesto por completo. El compost adecuado hace que la temperatura se dispare, matando cualquier patógeno en el material de desecho. Los restos de material infectado pueden introducir posibles enfermedades en sus plantas si no se ha degradado lo suficiente.

Cuidado con los bichos

Los daños causados por insectos suelen facilitar el acceso de virus y bacterias a las plantas. Plagas como los pulgones y los trips son responsables de la propagación de las manchas necróticas de la impatiens. Los saltahojas transmiten la enfermedad amarilla del áster a una serie de plantas huésped. Los ataques de insectos someten a la planta a estrés, haciéndolas susceptibles a enfermedades víricas y bacterianas.

Limpieza de restos vegetales

Recoja del suelo las hojas muertas caídas para evitar la propagación de enfermedades. Los patógenos pueden pasar el invierno en hojas en descomposición y restos vegetales, y atacar a las hojas nuevas en primavera. Por ejemplo, la mancha foliar del lirio de día, la mancha foliar del iris y la mancha negra de las rosas tienden a propagarse a partir de hojas enfermas que se pudren en los contenedores. Del mismo modo, los tallos marchitos de tomates o patatas deben quemarse o tirarse a la basura municipal en lugar de compostarlos en casa.

Elija el abono adecuado

Demasiado de cualquier cosa puede ser fatal, y lo mismo ocurre con el abono. Un exceso de fertilizante puede quemar las raíces y alterar la absorción de agua. Esto hace que las plantas sean vulnerables a los daños causados por el frío extremo, el calor o la sequía. Las plantas privadas de nutrientes esenciales tienden a tener un crecimiento atrofiado y son propensas a las enfermedades.

El abono que elija dependerá en última instancia de lo que cultive y de los nutrientes que quiera mejorar en el suelo. Observará que en las etiquetas de los fertilizantes se mencionan tres números (por ejemplo, 5-10-15). Los números corresponden a la concentración de los macronutrientes nitrógeno (N), fósforo (P) y potasio (K).

Además de estos, las plantas también necesitan los siguientes elementos:

- **Calcio:** Mejora la estructura del suelo, necesario para las membranas celulares de las plantas, neutraliza los materiales tóxicos y ayuda a aglutinar las partículas orgánicas e inorgánicas.
- **Magnesio:** Necesario para la fotosíntesis porque constituye el único componente metálico de la clorofila.
- **Azufre:** Componente crucial de muchas proteínas.

Por último, las plantas necesitan ciertos micronutrientes para mantener la salud y la vitalidad. Entre ellos están el boro, el cobre, el zinc, el hierro, el molibdeno, el manganeso y el cloro. Dado que los riegos repetidos pueden lixiviar estos nutrientes del suelo con el tiempo, lo mejor es aplicar abono a las plantas con regularidad, una vez cada dos a seis semanas. Aunque hay varias opciones de fertilizantes, un abono multiuso suele ser el mejor punto de partida.

Los abonos universales contienen todos los macronutrientes y algunos micronutrientes esenciales, como manganeso, zinc y hierro.

En general, para fomentar la producción de flores o frutos, elija abonos con mayores concentraciones de fósforo y potasio en relación con el nitrógeno. Las concentraciones más altas de nitrógeno benefician a las plantas foliares al fomentar un mayor crecimiento de las hojas. En la próxima sección hablaremos con más detalle de los abonos para plantas y también aprenderemos algunas recetas sencillas para hacerlos en casa.

Algunos consejos adicionales para mantener su jardín en buena forma incluyen

- Pode las plantas a finales del invierno.
- Coloque las plantas en su jardín según sus condiciones ambientales preferidas.
- Siga un programa de riego coherente.
- Evite amontonar las macetas en un mismo lugar y deje que circule el aire entre ellas.

Rotación de cultivos

En el Capítulo 5, aprendimos las ventajas de plantar más plantas perennes; sin embargo, la mayoría de las plantas de nuestros huertos son anuales. Además de la siembra sucesiva (Capítulo 1, *Planificar para aprovechar al máximo el espacio*) y la siembra asociada (Capítulo 5, *Siembra asociada*), la rotación de cultivos es una necesidad para los cultivos anuales.

La rotación de cultivos consiste en cultivar sucesivamente diferentes plantas en el mismo suelo para reponer los nutrientes perdidos. Esta práctica ayuda a prevenir enfermedades, limita la propagación de plagas y crea un suelo sano y equilibrado. El primer paso de la rotación de cultivos consiste en identificar la familia de plantas de cada cultivo. Aquí tiene una lista de familias de plantas que te ayudará a establecer un plan quinquenal de rotación de cultivos para sus bancales elevados y macetas:

1. Solanáceas: Patatas, pimientos, berenjenas, tomates
2. Brásicas: Col, brécol, col rizada, coliflor, mostaza

3. Legumbres: Guisantes, judías verdes, alubias, lentejas
4. Amaryllidaceae: Cebollas, ajos, puerros
5. Hortalizas de raíz: Remolacha, chirivía, zanahoria, apio, nabo, rábano

Todas estas plantas tienen características y necesidades nutricionales diferentes. Las plantas de hoja como la col rizada y la col (brassicas) necesitan nutrientes como nitrógeno, fósforo y potasio. La capacidad de las leguminosas para fijar el nitrógeno las hace cruciales para mantener la fertilidad del suelo. Las patatas y los tomates tienden a sufrir tizones y otras enfermedades; la rotación de estos cultivos puede ayudar a prevenir estos problemas.

Se recomienda empezar plantando una leguminosa fijadora de nitrógeno y luego pasar a brásicas hambrientas que apreciarán el suelo fértil. Las solanáceas deben plantarse a continuación, seguidas de las raíces laboriosas, que son expertas en la búsqueda de nutrientes y minerales enterrados bajo la superficie.

Un abono de buena calidad ayuda a reponer los minerales perdidos en el suelo, para que las plantas no se queden sin nutrientes esenciales. Por lo general, la materia orgánica es un magnífico fertilizante natural; sin embargo, los contenedores suelen estar desprovistos de vida en el suelo. El lombricompuesto es una rica fuente de nutrición para las plantas; mezclar un poco de lombricompuesto con la mezcla para macetas antes de plantarlas es una forma estupenda de prepararlas para el éxito. Aunque aplicar el lombricompuesto directamente suele ser la mejor opción, espolvorear lombricompuesto de vez en cuando sobre la tierra no es suficiente. Es mejor mezclarlo todo removiendo la tierra con una pala pequeña. Si necesita esparcirlo por una superficie mayor, utilice abono líquido.

El té de lombriz (el líquido sobrante en el fondo del vermicompostador) sirve como un fantástico fertilizante líquido, al igual que el té de compost. (Capítulo 3, *Un festín para sus plantas*) El líquido del fondo de un contenedor de vermicompost se llama lixiviado, y no es lo mismo que el té de compost (un error muy común). El lixiviado no es tan beneficioso como el té de compost, que consiste en poner el compost en un cubo de agua (normalmente dentro de una bolsa de malla para contener los sólidos), añadir un poco de azúcar (como melaza, pero no miel porque tiene propiedades antibacterianas) y airearlo con un burbujeador o una pequeña cascada. Este proceso proporciona a las bacterias beneficiosas del lombricompost el oxígeno y los azúcares que necesitan para multiplicarse.

Independientemente del tipo de abono que elija, debe estar compuesto por los siguientes elementos:

1. Nitrógeno (N): Estimula el crecimiento de tallos y hojas
2. Fosfato (P): Refuerza el crecimiento de las raíces.
3. Potasio (K): Favorece la producción de flores y frutos.

Cada tipo de planta requiere un abono distinto. Por ejemplo, las plantas de hoja como las espinacas necesitan mucho nitrógeno, al igual que los tomates y los pimientos al principio de la temporada para desarrollar tallos y hojas fuertes. Más avanzada la temporada, los tomates necesitan grandes cantidades de potasio para la producción de frutos. Los fertilizantes multiusos disponibles en el mercado contienen una concentración equilibrada de cada uno de los tres elementos principales, lo que los convierte en fertilizantes satisfactorios en todos los sentidos.

Fertilizante casero

Si quiere proporcionar a sus plantas la nutrición que necesitan sin gastarte un dineral en fertilizantes comprados en tiendas, aquí tiene siete recetas caseras que puede probar.

1. Fertilizante de sal de Epsom

Sal de Epsom	1 cucharada sopera
Agua	3,7 litros

Mezcle y agite bien. Aplique la solución a sus plantas una vez al mes durante la temporada de crecimiento. La sal de Epsom proporciona a las plantas magnesio y sulfato, por lo que es un excelente fertilizante para plantas amantes del magnesio como pimientos, rosas, tomates y patatas.

2. Café molido usado

Coloque un periódico sobre una bandeja de horno y esparza los posos de café usados, dejándolos secar completamente durante unos días. Mezcle los posos de café secos con la tierra de las plantas ácidas que necesitan nitrógeno, magnesio y potasio. Cambiarán ligeramente el pH del suelo hacia el ácido, lo que beneficiará a plantas como los arándanos, los rododendros, las rosas y las azaleas.

3. Cáscaras de huevo rotas

Guarde cáscaras de huevo rotas, déjelas secar al aire y tritúrelas hasta obtener un polvo fino. Añade este polvo a las macetas de sus plantas como sustituto natural de la cal. El carbonato cálcico presente en las cáscaras de huevo hace que el pH del suelo sea ligeramente más alcalino, lo que permite que las plantas absorban mejor el nitrógeno, el fósforo y el potasio.

Mezclar las cáscaras de huevo con vinagre provoca una reacción entre el ácido acético y el carbonato cálcico, lo que hace que el calcio sea más biodisponible para las plantas. Combinar sus técnicas de abono con cáscaras de huevo rotas y vinagre puede ser muy potente.

4. Vinagre Fertilizante

Vinagre blanco	1 cucharada sopera
Agua	4 tazas

El ácido acético del vinagre hace que el pH del suelo sea más ácido, al tiempo que mata las malas hierbas.

5. Agua para peces

Simplemente vierta el agua vieja de la pecera en sus recipientes en lugar de tirarla por el desagüe. El agua de la pecera está repleta de nitrógeno y otros nutrientes necesarios para el crecimiento de las plantas.

Cuidar las plantas

Como jardinero, de vez en cuando tiene que mimar sus plantas dándoles un pequeño cambio de imagen. La decoloración, la poda y el pinzado son cruciales para que las plantas de maceta mantengan un aspecto saludable y eviten enfermedades. La decoloración consiste en cortar las flores muertas para que la planta ahorre energía y produzca más.

Mientras tanto, podar es como cortar el pelo a una planta para mantenerla ordenada y compacta, y fomentar el crecimiento. Es posible que sus plantas empiecen a estar un poco crecidas durante el verano, señal de que necesita sacar las tijeras de podar y empezar a cortar algunas ramas. Empiece por deshacerse de las que estén débiles, amarillentas o con las patas largas y recorte el resto de la planta al tamaño deseado. Hierbas como la albahaca y el cilantro necesitan una poda regular para evitar la floración, que puede hacer que sus hojas tengan un sabor amargo.

Por último, el pinzado es un método para fomentar la ramificación de las plantas jóvenes rompiendo los brotes tiernos con los dedos. Puede hacer que sus plantas sean más tupidas eliminando la punta de la planta a medida que crece.

Principales conclusiones

El trabajo de un jardinero nunca termina. Mientras consigues cultivar plantas robustas a partir de minúsculos plantones, debe seguir cuidándolas para ahuyentar a los patógenos y mantenerlas florecientes. Pero, ¿qué ocurre si un día entras en su jardín y ves que su planta favorita está un poco desanimada? Si las plagas consiguen colarse en su huerto urbano, no desesperes: el capítulo siguiente trata de cómo ayudar a sus plantas a recuperarse de las enfermedades y devolverles su vigor. Averigüemos qué hace falta para que sus plantas recuperen la salud después de haber contraído una enfermedad.

Las plagas, las malas hierbas y los organismos patógenos pueden ser una molestia para los jardineros, pero estas formas de vida ocupan un lugar importante en la naturaleza. En pocas palabras, estas criaturas forman parte de la manera que tiene la naturaleza de restablecer el equilibrio y mantener bajo control las poblaciones de plantas. Sin el sistema de control y equilibrio establecido por estos patógenos e insectos invasores, ciertas poblaciones de plantas superarían a otras. A medida que las especies vegetales dominantes consumen todos los nutrientes del suelo, otras plantas empiezan a sufrir, lo que conduce a una fuerte disminución de la diversidad y la salud de las plantas.

Las plagas forman parte de sistemas de control naturales que ayudan a mantener niveles manejables de plagas y hospedadores. Ambos desempeñan un papel crucial al mantener controlada la población del otro. Sin embargo, en un huerto urbano, las enfermedades o las plagas pueden propagarse rápidamente, convirtiendo en polvo sus meses de trabajo. Hay que estar atento a los bichitos y a los signos de enfermedad microbiana, para poder cortar el problema de raíz. Esto puede parecer complicado si no sabe qué buscar. Veamos algunas plagas comunes y los signos a los que hay que prestar atención.

Su huerto urbano es un gran bufé libre para todo tipo de bichos. Puede que no se dé cuenta de que estos bichos están ocupados masticando sus plantas hasta que encuentre manchas marrones en sus frutos, insectos blancos agrupándose alrededor de sus tomateras y agujeros abiertos en las hojas.

Entre los insectos más comunes de las plantas se encuentran las orugas devoradoras de hojas y flores, los escarabajos, los ácaros, los minadores de hojas y los barrenadores de la corteza. Veamos los signos de las distintas plagas, para que pueda deshacerse de ellas antes de que causen daños importantes en su jardín.

Mineros de hojas

- Son larvas de moscas, moscas sierra y polillas.
- Crean largas estelas blancas en las hojas.
- Atacan sobre todo a verduras como la lechuga, la calabaza, las judías y los guisantes.
- Su propagación puede controlarse mediante plantaciones complementarias. Para distraerlas, se pueden utilizar el cantueso y la columbina.

Gusanos cortadores

- Son pequeñas orugas regordetas que se enroscan en la tierra durante el día y suben a la superficie para alimentarse solo por la noche.
- Se alimentan de hojas, tallos, raíces y plántulas.
- Pueden hacer que la planta se caiga, se marchite y muera.
- Puede colocar collares de aluminio o cartón alrededor de los trasplantes para crear una barrera. Así evitarás que las larvas del gusano cortador se alimenten de sus plantas.

Larvas

- Son larvas de escarabajos que viven bajo el suelo y se alimentan de las raíces y los tallos de las plantas.
- Pueden retrasar el crecimiento de las plantas.
- Pueden detectarse sacando la planta de la tierra y observando las raíces, que mostrarán signos visibles de daños.
- Si no se tratan, causan más daños al atraer a otros animales como roedores, mapaches y mofetas.
- Existen muchos métodos para controlar su población en función del tipo de larva. Uno de ellos es el aceite de Neem.

Gusanos de alambre

- Son las larvas de los escarabajos click.
- Tienen el cuerpo cilíndrico y alámbrico, de color amarillo o marrón.
- Mastican semillas, raíces y tubérculos como las patatas.
- Provocan un crecimiento deficiente, amarilleamiento y marchitamiento.
- Los nematodos Steinernema carpocapsae (SC) -también apodados NemAttack- son el control más eficaz para los gusanos de alambre.

Hormigas cortadoras de hojas

- Atacan a la vegetación fresca, como tallos jóvenes, hojas y flores.
- Succionan la savia de la planta, debilitándola.
- La mezcla de aceite de neem funciona bien contra ellos, y también puede probar a cubrir sus senderos con mantillo de cedro.

Barrenadores

- Son larvas de escarabajos, polillas y avispas.
- Hacen madrigueras en los tallos de frambuesas, rosas y moras.
- Dejan los tallos huecos, provocando un crecimiento atrofiado y hojas marchitas.
- También afectan a pepinos, calabazas, melones y calabazas.
- El mejor truco para controlarlas es cubrir las plantas y limitar el acceso de las plagas a la zona de cultivo.
- También puede colocar trampas de feromonas para capturar barrenillos adultos.

Bucle de col

- Son orugas lisas, de color verde, con finas líneas blancas que recorren su cuerpo verticalmente.
- Su espalda se arquea en forma de bucle cuando gatean, lo que les ha valido su singular nombre.

- Sus larvas se alimentan de diversas plantas, como lechugas, coles, claveles, capuchinas, tomates, remolachas, patatas, perejil y espinacas.
- Crean pequeños agujeros irregulares en las hojas.
- El Bacillus thuringiensis es muy eficaz contra el bucardo de la col.

Pulgones

- Son criaturas diminutas, con forma de pera y de colores que van del verde al negro.
- Se alimentan de tallos tiernos, chupan la savia de la planta y la privan de nutrientes esenciales.
- Producen melaza, una sustancia blanca, pegajosa y azucarada que atrae a hormigas y hongos. Las hormigas "cultivan" activamente a los pulgones, lo que hace que se agrupen cerca de las puntas de los tallos y que sean mucho más fáciles de detectar.
- Los hongos y las hormigas pueden transportar el virus del mosaico a la planta, causando hojas y botones florales amarillos y desfigurados.
- Plantar caléndulas le ayudará a controlarlas en su jardín.

Ácaros araña

- Se trata de pequeños ácaros que viven bajo las hojas, se alimentan de la savia de las plantas y dan a las hojas un aspecto moteado de color amarillo.
- Fabrican finas telarañas plateadas que a veces son visibles en el envés de las hojas.
- Pueden controlarse elevando los niveles de humedad o utilizando pulverizadores orgánicos, como una mezcla de agua y jabón de fregar.

Ácaros biliares

- Estos ácaros microscópicos se alimentan de la savia de las plantas, provocando un crecimiento anormal.

- Causan protuberancias rojas en las hojas que parecen granos.

- También pueden provocar la aparición de mechones de pelos enmarañados en las hojas.

- Los ácaros de la vesícula biliar son en su mayoría inofensivos y no causan daños graves.

- Pueden controlarse utilizando azufre calcáreo líquido o simplemente cortando la zona afectada.

Arañuela

- Las arañuelas crean manchas blancas en las hojas y producen puntas marrones.

- Son insectos diminutos y alados, casi invisibles a simple vista.

- Atacan sobre todo a hortalizas como pepinos, guisantes, tomates y cebollas.

- El aceite de neem es conocido como uno de los mejores pulverizadores para el control de las arañuelas del jardín.

Moscas blancas

- Son pequeñas polillas blancas que se adhieren al envés de las hojas.

- Se alimentan de la savia de las plantas, privándolas de nutrientes esenciales.

- Provocan el amarilleamiento y la caída de las hojas.

- Pueden salir volando en una gran nube blanca, si se agarra el tallo y se le da una sacudida.

- Puede atraer a los depredadores de la mosca blanca plantando hinojo, caléndula, orégano, perejil, trigo sarraceno y cardos. También puede preparar una mezcla de vinagre (basada en la receta del capítulo siguiente) para deshacerte de ellas.

Métodos ecológicos de control de plagas

El control biológico de plagas pretende controlar las poblaciones de plagas sin dañar el medio ambiente. Los pesticidas artificiales tienden a dejar sus residuos en frutas y verduras, lo que puede causar daños a la persona que los consume. Además, matan a una gran variedad de insectos, que pueden ser beneficiosos para nuestras plantas. El uso excesivo de pesticidas químicos también puede ahuyentar a los polinizadores de su huerto y frutal, provocando una reducción significativa de la cosecha.

La palabra "orgánico" hace referencia a sustancias que se encuentran de forma natural en el medio ambiente y contienen carbono. Los métodos orgánicos de control de plagas incluyen una serie de productos naturales que consiguen deshacerse de insectos dañinos y patógenos, como el piretro, la cal, el azufre, los jabones, el vinagre y las sales.

Puede mantener su jardín sano colocando barreras para mantener alejadas a las plagas y fomentando las poblaciones de insectos beneficiosos que se alimentan de ellas. Las plantas fuertes y sanas son capaces de defenderse por sí mismas. Por eso, proporcionar a sus plantas la nutrición necesaria y regarlas con regularidad contribuye en gran medida a proteger su jardín.

Además de cuidar mejor sus plantas, puede cortar los problemas de raíz si está atento a los signos de enfermedad. Algunos cambios en las plantas que podrían indicar problemas son el enrollamiento, la caída y el amarilleo de las hojas y la aparición de melaza pegajosa en el follaje. El retraso en el crecimiento y la disminución de la fructificación y la floración también son signos de que la planta necesita ayuda. Tenga en cuenta que estos síntomas también pueden deberse a un riego insuficiente o excesivo, así como a diversas carencias de nutrientes. Normalmente se requiere una combinación de síntomas para un diagnóstico preciso.

Puede prevenir los ataques plantando flores junto a sus cultivos para atraer a su huerto urbano insectos beneficiosos como crisopas y mariquitas. Estos pequeños ayudantes se alimentan de las plagas y mantienen su huerto libre de enfermedades. Otra razón para optar por métodos ecológicos es que los plaguicidas pueden dañar a los insectos beneficiosos, provocando más problemas en el futuro.

La mayoría de los problemas de plagas pueden evitarse utilizando barreras, como vellones y redes, para proteger las plantas, o empleando hojas adhesivas para atrapar a las polillas antes de que depositen sus larvas. Sin embargo, no soy muy partidario de este método, ya que también puede atrapar insectos beneficiosos.

Comprar variedades resistentes a las plagas y utilizar compost fresco también puede contribuir a reducir los problemas de plagas. Colocar cinta de cobre alrededor de los clavos y las macetas puede disuadir a caracoles y babosas. El cobre reacciona con la baba que producen estas criaturas, produciendo suaves descargas eléctricas que las detienen en seco. Otro método ingenioso para ahuyentar plagas y malas hierbas es la siembra asociada (véase el Capítulo 5, *Siembra asociada)*. Por ejemplo, plantar cebollas cerca de zanahorias puede ayudar a mantener a raya a la mosca de la zanahoria. Hierbas como el perejil, el eneldo y el cilantro también ayudan a atraer insectos beneficiosos a la vez que ahuyentan las plagas dañinas.

Figura 8.1: Las hierbas pueden ayudarte a mantener alejados a los bichos.

Los insectos diminutos y los microorganismos invisibles no son los únicos invasores de los que hay que cuidarse: los pájaros hambrientos y los roedores también pueden causar daños importantes a sus cultivos. Las redes son una solución eficaz para mantener alejados a los grandes depredadores. Puede sujetarla con cañas y ponerle peso en la base para que no se la lleve el viento.

Además de lo anterior, he aquí algunas estrategias eficaces para deshacerse de los bichos del jardín y prevenir enfermedades:

- *Recogida manual*: Recoja los insectos visibles a simple vista, como gusanos cortadores, escarabajos o gusanos de la col, y sumérgelos en agua jabonosa para matarlos.
- *Tierra de diatomeas (DE)*: Espolvoree tierra de diatomeas alrededor de sus plantas. Puede penetrar en el exoesqueleto de varias plagas, como chicharritas, gusanos cortadores y gusanos de la raíz, deshidratándolas y matándolas.
- *Bacillus thuringiensis (Bt)*: Pulverice solución de Bt alrededor de sus plantas para deshacerte de las plagas dañinas. Cuando este insecticida orgánico es consumido por las plagas, produce proteínas que paralizan su sistema digestivo, haciendo que dejen de alimentarse y mueran. No daña a los insectos beneficiosos, como las lombrices de tierra, los nematodos y las mariquitas.
- *Riego:* Riegue las plantas con un chorro de agua para eliminar plagas como pulgones, arañas rojas y mosca blanca.
- *Mezcla de agua y jabón*: Mezcle una cucharadita de jabón para vajilla o jabón disuelto en un litro de agua y rocíe la planta para deshacerse de arañas rojas, pulgones, arañuelas y mosca blanca. También puede añadir aceite vegetal a esta mezcla. El aceite recubre el cuerpo de los insectos mencionados, asfixiándolos.
- *Aceite de neem*: Mezcle dos cucharaditas de aceite de neem y una cucharadita de jabón líquido disueltas en un litro de agua y rocíe sus plantas para eliminar pulgones, chicharritas, moscas blancas y cochinillas.
- *Mezcla de vinagre:* puede crear fácilmente su propio jabón insecticida a partir de un galón (3-7 litros) de agua, 2

cucharadas de vinagre blanco, 2 cucharadas de detergente para vajillas y 2 cucharadas de bicarbonato sódico. Pulverice esta mezcla bajo las hojas de las plantas donde residen los huevos, las escamas y los adultos de la mosca blanca.

- *Desechar las partes afectadas de la planta*: Corte y deseche las partes afectadas de la planta para limitar la propagación de la enfermedad.

En lo profundo de la maleza

Las malas hierbas tienden a ser menos prolíficas y fáciles de controlar en las macetas porque, a diferencia de la tierra de jardín, el compost casero y el producido comercialmente están casi libres de semillas de malas hierbas. Sin embargo, las semillas de malas hierbas pueden introducirse en la tierra de las macetas, por lo que conviene vigilar si aparecen pequeñas plántulas y arrancarlas lo antes posible.

Las malas hierbas perennes de gran tamaño, como los dientes de león, y las que tienen largas raíces pivotantes pueden arrancarse de la tierra con una horquilla manual. Estas malas hierbas perniciosas pueden ser difíciles de eliminar, sobre todo cuando sus raíces se entrelazan con las de su planta. Es importante eliminar estas plantas silvestres antes de que empiecen a florecer y produzcan más semillas. Una capa gruesa de mantillo impide que la luz del sol llegue a las semillas de las plantas silvestres, limitando su propagación (*Consulta el capítulo 3, Cómo mantener un suelo sano*).

Principales conclusiones

Agujeros antiestéticos en las hojas, hierbas mordisqueadas hasta el suelo y plantas que simplemente no crecen pueden ser testigos frustrantes en su jardín. Sin embargo, recurrir a insecticidas o pesticidas inorgánicos tiene grandes desventajas. Los métodos orgánicos de control de plagas ofrecen soluciones eficaces y baratas para poner fin a sus males de jardinería.

Deshacerse de los huéspedes indeseables de su huerto urbano puede ser tan fácil como arrancarlos de las plantas o simplemente pulverizar una solución pesticida casera. Puede evitar que numerosos insectos y microorganismos entren en su huerto poniendo barreras. Mantener las plantas sanas regándolas con regularidad y mantener la tierra bien equilibrada en nutrientes son trucos sencillos para evitar problemas.

En la siguiente sección hablaremos de la recolección de los productos. Exploraremos técnicas de conservación y almacenamiento para que los frutos de su trabajo no se echen a perder. Después de tanto trabajo, es hora de recoger la cosecha.

CAPÍTULO 9

Es hora de cosechar

Cultivar una planta y llevarla a la fase de producción de frutos requiere mucho tiempo, esfuerzo y perseverancia. Cosechar los productos es el objetivo final de todo horticultor. La perspectiva de que nuestro duro trabajo se materialice en deliciosos alimentos frescos es lo que nos hace seguir adelante.

La temporada de cosechas le entusiasmará, pero también es una oportunidad para maximizar sus ganancias con algunos consejos y trucos útiles. Veamos algunas técnicas de recolección y métodos de conservación para hacer justicia a la abundancia de su huerto urbano.

Principios de la cosecha de hortalizas

Aunque los paquetes de semillas y las etiquetas de las plantas contienen mucha información útil sobre ellas, el número de días que faltan para su madurez no suele ser un buen indicador de cuándo madurarán las hortalizas y frutas, debido a las fluctuaciones de temperatura. Una primavera fría puede hacer que maduren más tarde de lo habitual, mientras que las olas de calor durante el verano pueden hacer que sus productos maduren antes. Otros factores que afectan a la maduración son la fertilidad del suelo y las precipitaciones escasas o abundantes. Todo esto puede hacer que predecir el día de madurez sea todo un reto para los horticultores.

Afortunadamente, las plantas siempre dan pistas sobre su estado de madurez. Vigilar de cerca sus frutas y verduras puede ayudarle a detectar los sutiles cambios que indican su madurez. He aquí algunos factores que debe tener en cuenta mientras preparas su cesta para arrancar esos grandes tomates rojos, melocotones, berenjenas y otras verduras y frutas:

- *Sabor y nutrición:* Coseche las frutas y verduras en su punto óptimo de nutrición y sabor. Verduras como las judías, los guisantes, los nabos y las calabazas de verano alcanzan su mejor sabor y son más nutritivas cuando están tiernas e inmaduras. En cambio, los tomates, las calabazas de invierno y los melones deben madurar completamente en la vid para desarrollar todo su sabor.

- *Tamaño y color:* Recoja las frutas y hortalizas cuando tengan el tamaño y el color adecuados, ya que es un buen indicador de madurez. Consulte los paquetes de semillas para averiguar el tamaño y el color de las verduras y frutas maduras.

- *Frecuencia de recolección*: Recoja las verduras y frutas maduras de la planta con la mayor frecuencia posible. No cosecharlas con regularidad puede hacer que maduren en exceso y disminuir la cantidad de producto posterior. Por ejemplo, las judías que no se recogen se ponen duras y pierden su valor nutritivo. Mientras tanto, un calabacín de 5 cm de largo puede transformarse en un palo de 60 cm en pocos días.

- *Herramientas de cosecha*: Utilice las herramientas adecuadas para cosechar sus cultivos. Por ejemplo, la lechuga, los guisantes y la col rizada se pueden pellizcar o arrancar con las manos, pero puede que necesite tijeras para cortar verduras como las judías. Las plantas con tallos duros, como las berenjenas y los pepinos, pueden requerir un cuchillo afilado o podadoras.

- *Manipulación de las plantas*: Enrede las plantas en espalderas o añada soportes a sus contenedores para evitar que los tallos se doblen o se rompan. No arranque las hortalizas ni los frutos de la planta, ya que podrían desgarrarse y facilitar el acceso de enfermedades.

- *Secuencia de recolección:* Empiece por las hojas grandes y exteriores de las hortalizas de hoja verde, como la lechuga, dejando las interiores, de crecimiento más reciente.

A continuación, se ofrecen algunos consejos sobre distintos cultivos que le ayudarán a decidir el momento adecuado y consejos para la recolección de diferentes cultivos:

Alubias (Snap)

- Recójalas cuando las vainas alcancen su tamaño completo, antes de que las semillas del interior empiecen a abultarse.
- Coseche a menudo.

Alubias (Lima)

- Coseche cuando las vainas y las semillas alcancen su tamaño completo, pero antes de que las vainas se vuelvan amarillas.
- Palpe el extremo de la vaina; debe sentirse esponjoso.
- Desgrane algunas vainas para comprobarlo; las vainas y las semillas deben saber frescas y jugosas.

Remolacha

- Arranque las remolachas cuando tengan entre 2,5 y 4 cm de diámetro; las más grandes no son tan sabrosas y pueden volverse leñosas.
- Desentierre las raíces antes de la primera helada fuerte.

Brócoli

- Coseche cuando la cabeza tenga de 7,5 a 15 cm (3 a 6 pulgadas) de diámetro y sea de color verde oscuro con cogollos compactos.

- Córtelas de 15 a 18 cm por debajo de las cabezas de las flores.
- Coseche antes de que los brotes amarilleen o se conviertan en flores.
- Deje la planta en el suelo una vez cosechada la cabeza principal, ya que a menudo vuelven a crecer tallos más pequeños.

Coles de Bruselas

- Coseche cuando los brotes tengan entre 2,5 y 4 cm (1 y 1½ pulgadas) de diámetro.
- Rompa los brotes retorciéndolos por la base de la planta cuando se sientan firmes.
- Pellizque la punta de crecimiento de la planta para obtener más brotes.
- Recójalas después de una o dos heladas ligeras para obtener el máximo sabor.

Col

- Cosechar cuando la cabeza alcance el tamaño de una pelota de softball y se sienta firme al tacto.
- Evite retrasar la recolección de las hortalizas, ya que seguirán creciendo y se abrirán debido a la excesiva absorción de agua.

Col china

- Recójala cuando la planta alcance su tamaño completo: 30 cm para las variedades grandes y 15-20 cm para las enanas.
- Utilice un cuchillo para cortar la planta por la base a un palmo por encima del suelo.
- Como alternativa, coseche progresivamente cortando primero las hojas exteriores.

Zanahorias

- Coseche cuando las zanahorias tengan un diámetro de 2,5 cm.
- Compruebe el tamaño de las zanahorias tirando de una de ellas por las hojas.

- Recoja las zanahorias plantadas en primavera en cuanto maduren, pues de lo contrario podrían volverse amargas y fibrosas debido al calor del verano.

Coliflor

- Cosechar cuando la cabeza tenga forma regular, antes de que se parta o se ponga amarilla.
- Cortar el tallo por debajo de la cabeza con un cuchillo afilado.
- Evite esperar demasiado para cosechar, porque las cabezas de coliflor pueden empezar a partirse.

Acelga

- Recójalas cuando las hojas midan unos 15 cm.
- Recorte las hojas exteriores, dejando el corazón de la planta para que produzca más hojas.

Pepinos

- Coseche entre 50 y 70 días después de la siembra.
- Evite dejar los pepinos en la parra durante demasiado tiempo porque pueden desarrollar un sabor amargo con el tiempo.
- Recoja los frutos normalmente entre ocho y diez días después de que florezcan las primeras flores.
- Asegúrese de recoger los pepinos antes de que empiecen a mostrar signos de amarilleamiento.
- Recoja los frutos que parezcan firmes y tengan la pulpa de color verde oscuro.
- Busque pepinos de 5-15 cm de largo.
- Retire los frutos que parezcan atrofiados o muestren los extremos podridos para evitar que la planta malgaste su energía en ellos.
- Utilice podadoras o tijeras de jardinería para evitar dañar la vid retorciéndola y tirando de ella.
- Cortar los tallos ¼ de pulgada (6 mm) por encima del pepino y manipularlos con cuidado para evitar magulladuras.

Lechuga

- Recójala cuando haya alcanzado el tamaño adecuado, pero sea joven y tierna.
- Recoge las hojas jóvenes porque las maduras saben amargas y leñosas y pueden estropearse rápidamente.
- Quitar las hojas exteriores, dejando las hojas jóvenes interiores.
- Coseche las lechugas romanas y las de hoja suelta arrancando las hojas exteriores, desenterrando toda la planta o cortándola a un palmo de la superficie del suelo.
- Coseche la lechuga arrepollada cuando el centro esté firme.

Pimientos

- Coseche las variedades dulces entre 60 y 90 días después de la siembra, mientras que los tipos muy picantes pueden tardar hasta 150 días.
- Si cultiva a partir de semillas, añada de 8 a 10 semanas al tiempo de cosecha indicado en el paquete de semillas para compensar el tiempo transcurrido entre la siembra y el trasplante.
- Coseche las variedades picantes de pimientos, como los jalapeños, cuando el fruto adquiera un color verde oscuro.
- Elija otras variedades como Serrano, Anaheim, Tabasco, Cayena o Celestial cuando el color cambie de verde a naranja, marrón rojizo o rojo brillante.
- Coseche con frecuencia para animar a la planta a producir más frutos.
- Utilice podadoras, tijeras o un cuchillo afilado para cortar los pimientos de la planta.

Tomates

- Coseche los tomates al final del periodo vegetativo, a finales del verano.
- Recoja los tomates cuando tengan un color rojo brillante (a menos que elija una variedad de tomate que madure en otro

color como marrón, morado, amarillo, naranja, verde o blanco).

- Compruebe la madurez del fruto cogiendo un tomate y colocándolo en un cubo de agua. Los tomates maduros se hundirán hasta el fondo.

- Apriete suavemente la fruta para comprobar su firmeza.

- Sujete la fruta y tire suavemente mientras sujeta el tallo con la otra mano.

Guisantes

- Coseche entre 60 y 70 días después de la siembra; sin embargo, esto puede variar en algunas variedades.

- Utilice una mano para sujetar la enredadera de guisantes mientras tira suavemente de las vainas de guisantes con las otras.

- Guárdelas en un lugar fresco después de recogerlas, como un baño de agua fría, y séquelas más tarde.

- Cómalas frescas o guárdelas en el frigorífico hasta una semana.

- Blanquéelas y colóquelas en bolsas zip lock antes de meterlas en el congelador para tener provisiones para todo el año.

Rábanos

- Evite dejar los rábanos de primavera en el suelo pasada su edad de madurez porque se pondrán duros y tendrán sabor a almidón.

- Deje los rábanos de invierno en la tierra unas semanas después de que maduren, y recójalos justo antes de las heladas.

- Consulte el paquete de semillas para calcular el momento de la cosecha, ya que los distintos rábanos tienen periodos de crecimiento diferentes.

- Saque uno como prueba para comprobar si están listos.

- Coseche cuando el crecimiento verde por encima del suelo alcance de 15 a 20 cm.

- Busque o palpe la parte superior del rábano que sobresale de la tierra vegetal.

Patatas

- Coseche en días secos cavando suavemente para no pinchar los tubérculos.
- Desentierre las patatas cuando se prevean las primeras heladas fuertes para evitar que las heladas dañen los tubérculos.
- Coseche las patatas nuevas de pequeño tamaño y piel tierna 2 o 3 semanas después de que dejen de florecer.
- Coseche las patatas maduras 2 o 3 semanas después de que el follaje se vuelva marrón y muera.
- Corte el follaje antes de desenterrar los tubérculos.
- Prepare las patatas para la cosecha y el almacenamiento regándolas de vez en cuando a partir de mediados de agosto.
- Espere de 10 a 14 días más después de cortar el follaje para que las patatas desarrollen una piel gruesa. Sin embargo, evite esperar demasiado porque podrían empezar a pudrirse debido a la humedad del suelo.
- Cave un pequeño agujero para observar las pieles de las patatas si no está seguro de si es el momento adecuado para la cosecha.

Fresas

- Recoja las bayas rojas y brillantes pellizcando suavemente el tallo.
- Hay que manipularlos con cuidado, ya que pueden dañarse con facilidad y pudrirse antes de tiempo.
- Recoja las fresas demasiado maduras para que no atraigan plagas.
- Aclarar, secar y meter en el frigorífico.
- Lavar y guardar en el congelador para su uso posterior.

Cítricos

- Coseche frutos maduros que pesen y tengan un color vibrante.
- Utilice tijeras de jardinería o podadoras para cortar el tallo por encima del fruto.
- Refrigere su cosecha para mantenerla viable y fresca.
- Congele la ralladura para utilizarla más tarde.

- Congele el zumo de fruta en cubiteras para cocinarlo más tarde.
- Los cítricos deshidratados pueden utilizarse en infusiones y caldos.

Manzana

- Recoja frutas firmes, de piel lisa y color vivo. Evite recoger las manzanas antes de tiempo porque pueden tener un sabor agrio.
- Evite retrasar la recolección, ya que puede dar lugar a frutos blandos, pastosos y demasiado maduros.
- Sujete la manzana y gírela para separar la fruta del tallo.
- Guárdelos en el frigorífico para mantenerlos viables y frescos durante mucho tiempo.
- Conserve o congele las manzanas sobrantes o conviértalas en salsas y relleno para tartas de manzana. También puede hacer sidra de manzana o vinagre. Las rodajas de manzana deshidratadas son uno de los mejores aperitivos, sobre todo con un poco de canela.

Caléndula

- Recoja o corta la flor donde se une al tallo.
- Evite recoger los capítulos florales que estén secos y echando semillas.
- Tanto las hojas como los pétalos de la caléndula son comestibles. Las hojas son un poco amargas, pero van bien mezcladas en una ensalada. Elija flores o pétalos frescos como guarnición, condimento, té o colorante amarillo, y utilice los más viejos para guardar semillas.

Lavanda

- Coseche cortando los tallos justo antes de que florezcan las flores.
- Ate los tallos y cuelga las flores en un lugar protegido para que se sequen.

- Sacuda las flores secas de los tallos y guárdelas en un recipiente.

La cosecha de semillas hace que plantar su próximo lote de cultivos resulte muy económico, por lo que no tiene que comprar trasplantes o paquetes de semillas. Aquí tiene dos métodos para cosechar semillas y prepararlas para su almacenamiento:

Recolección de frutos secos:

Plantas como la lechuga, los cereales, las judías, los guisantes, el maíz dulce, las zanahorias, los guisantes de olor, las espinacas, la cebolla, la remolacha y muchas hierbas producen semillas que se secan mientras están adheridas a la planta. Solo tiene que dejar estas plantas en el huerto después de que hayan alcanzado su plenitud, dejándolas que "se sequen", y podrá cosechar las semillas una vez que se hayan secado.

Recolección de frutos húmedos:

Las plantas como los tomates, la calabaza y las bayas tienen membranas alrededor de las semillas, por lo que no germinan dentro de la planta. Debe retirar esta membrana para guardar las semillas para futuras siembras. Para ello, retire las semillas, colóquelas en un tamiz o colador fino y frote la pulpa bajo el grifo.

Almacenamiento de semillas

Puede guardar las semillas simplemente colocándolas dentro de un sobre de papel y etiquetando en el exterior la variedad de la semilla y la fecha de su cosecha. Guarde el sobre en un tarro de cristal con tapa hermética y guárdelo en un lugar fresco y seco donde la temperatura se mantenga estable. La humedad elevada, la humedad y las fluctuaciones de temperatura pueden ser perjudiciales para las semillas. Si se almacenan correctamente, la mayoría de las semillas siguen siendo viables durante dos o tres años.

Aquí tiene algunos consejos para guardar semillas de distintas plantas:

Judías:

- Coseche las semillas cuando las vainas se sequen, adquieran un color marrón y empiecen a abrirse.
- Seque las vainas durante dos semanas colocándolas sobre papel encerado antes de desgranarlas.
- Guarde las semillas en un recipiente hermético.

Pepino:

- Coseche las semillas cuando la planta madure y el fruto se seque.
- Corte los pepinos por la mitad y retirar la pulpa con las semillas.
- Colóquelas en un recipiente con agua y déjelas fermentar de dos a cuatro días a temperatura ambiente.
- Asegúrese de remover la mezcla de vez en cuando.
- Recoja las semillas buenas que se hundirán en el fondo del recipiente vertiendo la mezcla restante en la parte superior.
- Enjuague las semillas con agua.
- Colóquelas sobre papel encerado y deje que las semillas se sequen durante una semana.
- Guárdelo en un recipiente hermético.

Guisantes:

- Recoja las semillas cuando las vainas empiecen a secarse, se vuelvan marrones y empiecen a abrirse.
- Dejar secar las vainas durante dos semanas antes de desgranarlas.
- Guárdelas en un recipiente hermético.

Pimienta

- Coseche las semillas cuando el fruto madure.
- Esperar a que los pimientos se pongan rojos y empiecen a arrugarse.
- Retira las semillas y sécalas en papel encerado de dos a cuatro días.
- Conservar en un recipiente hermético.

Tomates

- Recoja las semillas cuando el fruto madure.
- Exprima la pulpa y las semillas en un recipiente lleno de agua.
- Dejar fermentar la pulpa unos días a temperatura ambiente, removiendo de vez en cuando.
- Recoja las semillas buenas que se hundirán hasta el fondo y vierta la pulpa.
- Enjuague las semillas y colóquelas sobre papel encerado.
- Déjelas secar durante una semana y colóquelas en un recipiente hermético.

Cebollas

- Empiece a cosechar las semillas de cebolla cuando las cabezas de las flores empiecen a ponerse marrones.
- Corte con cuidado los tallos unos centímetros por debajo de la cabeza y métalos en una bolsa de papel.
- Coloque la bolsa en un lugar fresco y seco y espere unas semanas.
- Agite las cabezas cuando se sequen para que suelten las semillas.

Zanahorias

- Deje que las cabezas de las semillas maduren completamente en la planta.
- Corte los capítulos cuando empiecen a dorarse y a secarse.
- Coloque las cabezas de las flores en una bolsa de papel pequeña y déjalas secar.
- Una vez que las cabezas de las semillas se hayan secado por completo, colóquelas en recipientes herméticos de plástico o cristal y agítelos enérgicamente para recoger las semillas.
- Guarde las semillas en un tarro hermético y consérvelas en un lugar fresco y seco.

Eneldo

- Esperar a que las semillas pasen de verde a marrón.

- Coseche las semillas cuando las umbelas se vuelvan hacia dentro y las semillas estén en grupos.
- Utilice tijeras o tijeras de jardinería para cortar el tallo a unos centímetros de la base de la flor.
- Coloque las semillas en una bolsa de papel y déjalas secar.
- Guárdelo en un lugar seco durante una o dos semanas.
- Agitar para liberar las semillas y guardar en un recipiente hermético en un armario oscuro, como las demás especias.

Lechuga

- Coseche las semillas una vez que formen racimos cubiertos de pelusa blanca como una flor de diente de león.
- Deje que las semillas se sequen mientras están en la planta y recójalas individualmente cada día o coloque una bolsa de papel sobre las cabezas de las semillas, atándola en la base, para que no se pierda ninguna de las semillas.

Verduras asiáticas

- Deje que las vainas de las semillas se sequen en la planta.
- Cortar las cabezas de semillas marrones cuando se sientan quebradizas.
- Golpee las vainas con un mortero o en las palmas de las manos para liberar las semillas.
- Colóquelo en un recipiente y agítelo suavemente para separar las semillas más pesadas de la paja, que luego podrá recoger con los dedos.
- Termine el proceso de aventado soplando en el recipiente para que los trozos ligeros de vaina floten, dejando atrás las semillas pesadas.

Rábanos

- Recójalas cuando empiecen a sembrar, a principios o mediados del verano.
- Espere a que las vainas de las semillas se vuelvan marrones, dejándolas unidas a la planta mientras se secan.

- Coloque una bolsa de papel sobre las cabezas de las semillas y átelas en la base para evitar que se dispersen con el viento.

Conservación de semillas de hortalizas pernadas

La floración es el momento en que un vegetal empieza a florecer de repente, deteniendo su crecimiento. Aunque a las abejas y las mariposas les encantan las flores, es una gran oportunidad para recoger semillas. Por ejemplo, la lechuga suele brotar cuando hace calor. La floración de la lechuga suele manifestarse por una hinchazón en el centro del tallo de la cabeza de la flor.

Las hojas se vuelven duras y de sabor amargo. En lugar de cosecharlas para comer, puede utilizarlas para recolectar semillas. Espere a que aparezcan muchas vainas, sacúdalas y recoja las semillas. Guárdalas en un lugar fresco y seco.

¿Por qué hay que guardar semillas?

Guardar semillas es una idea excelente por varias razones. Para empezar, es una forma estupenda de ahorrar dinero. Por lo general, un paquete de 50 semillas de pimiento puede costar hasta 3 dólares o más. Mientras, los trasplantes pueden costar 5 $ cada uno. Así que cosechar semillas de las plantas que ya has cultivado es una opción más económica que te permite ser autosuficiente.

Si guarda las semillas, también puede aumentar la población de plantas con las características que deseas. Por ejemplo, si cosecha un tomate que sabe absolutamente divino, guardar las semillas de esa tomatera le permitirá disfrutar de ese sabroso fruto una y otra vez. Esperar a que las flores produzcan semillas también puede dar lugar a insectos polinizadores, atrayendo más abejas, mariposas y escarabajos a su jardín de macetas y aumentando la diversidad genética.

Tipos de plantas para conservar semillas

Las plantas producen semillas de distintas maneras. Conocer su planta y su método de producción de semillas puede ayudarle a recolectarlas en el momento adecuado y a almacenarlas correctamente.

Plantas autógamas

Estas plantas no requieren la transferencia de polen de una flor a otra y no dependen de portadores externos. Sus sucesivas generaciones no muestran cambios drásticos en sus características, por lo que sus rasgos tienden a permanecer constantes. Los tomates, las judías, los guisantes y los pimientos son algunos ejemplos de plantas autógamas. Las semillas de estas plantas no requieren un tratamiento especial antes de su almacenamiento. Las semillas de plantas bienales como la remolacha y la zanahoria suelen ser más difíciles de cosechar, ya que los jardineros deben esperar dos temporadas de crecimiento antes de sembrarlas.

Plantas alógamas

Las plantas como el maíz y la mayoría de las vides tienen flores masculinas y femeninas separadas que se polinizan cruzadamente, es decir, el polen se transfiere de la flor de una planta a la de la otra. Las semillas de estas plantas pueden presentar caracteres diversos. Por ejemplo, el maíz puede polinizar el maíz dulce que crece en un jardín cercano en un día ventoso, lo que afecta al sabor de la descendencia. Los insectos también pueden polinizar melones, calabazas, calabacines y pepinos, dando lugar a nuevas y extrañas variedades. Es importante tener esto en cuenta al guardar las semillas de estas plantas y estar atento a las variantes en la próxima temporada de cultivo.

Plantas de polinización libre

Hablamos de las semillas de polinización abierta (para más detalles, consulte también el *Vocabulario de las semillas*, al final del libro). Muchas variedades de polinización abierta son reliquias, transmitidas de generación en generación por los jardineros. Se trata de plantas que pueden autopolinizarse y polinizarse con otras plantas de la misma variedad. Sus semillas producen plantas muy parecidas a la planta madre. Por ejemplo, variedades de tomate como "The Big Rainbow", "San Marzano" y "Brandywine" son de polinización abierta. Las semillas de estas plantas producen una descendencia casi idéntica a las plantas madre, así que asegúrese de elegir la planta más vigorosa y con los frutos más sabrosos para guardar las semillas.

Plantas híbridas

Las plantas híbridas se crean cuando dos variedades diferentes se combinan mediante polinización cruzada. La combinación produce a veces rasgos deseables, creando plantas de alto rendimiento con un vigor y una resistencia a las enfermedades notables. Tomates como "Big Boy", "Beefmaster" y "Early Girl" son algunos ejemplos de plantas híbridas. Sin embargo, dado que las plantas producidas a partir de las semillas de estas plantas no son completamente idénticas a las plantas parentales, es imposible predecir el rendimiento de la planta de semillero o las características de los frutos.

Principales conclusiones

Seguir las prácticas de jardinería descritas en este libro te garantizará una cosecha abundante. El proceso de recolección de frutas y verduras puede parecer sencillo, pero como hemos aprendido en este capítulo, es mucho más que arrancarlas de la planta. Los métodos de recolección varían según el tipo de planta. Además, las frutas y verduras no son las únicas partes útiles de la planta que se pueden recolectar. Guardar semillas es una técnica ingeniosa que ayuda a reducir los costes de comprar paquetes de semillas y trasplantes.

Aunque los métodos de conservación enumerados en este capítulo ofrecen soluciones eficaces para tratar el exceso de productos, las recetas del capítulo siguiente serán una delicia para su paladar.

CAPÍTULO 10

Del huerto a su mesa

Si su cosecha es abundante, almacenar y conservar los productos le permitirá disfrutar de los frutos de su trabajo durante todo el año. Existen varios métodos para conservar frutas y verduras. Veamos algunas de las técnicas más populares.

Técnicas de conservación

Congelación

La forma más fácil de conservar los alimentos es meterlos en el congelador. Casi todas las verduras son adecuadas para este método, excepto las coles y las patatas, que pueden quedar blandas y encharcadas. Es posible que tenga que escaldar primero la mayoría de las verduras, lo que implica hervirlas de uno a tres minutos. El escaldado detiene la actividad enzimática, preservando el sabor, el color y los nutrientes. Sumerja las verduras en agua fría después de escaldarlas para enfriarlas rápidamente antes de envasarlas en recipientes de plástico o bolsas de congelación y guardarlas en el congelador.

Conservas

El enlatado es el método de conservación más conocido, pero debe hacerse correctamente o algunos alimentos pueden estropearse debido a la contaminación bacteriana. La mayoría de las frutas y algunas verduras responden bien a un baño de agua hirviendo; sin embargo, las verduras poco ácidas como los guisantes, las judías, las zanahorias, el maíz y la calabaza pueden necesitar un enlatador a presión para hacer el truco.

Deshidratación

Las frutas y verduras secas pueden rehidratarse fácilmente para utilizarlas en sopas o guisos. Puede comprar un deshidratador eléctrico o secar los productos en el horno o a pleno sol. Verduras como los pimientos pueden colgarse de un cordel en una habitación fresca y bien ventilada y dejarse secar.

Decapado

Puede encurtir una gran variedad de verduras, como zanahorias, coles, remolachas, espárragos, judías, pimientos y tomates. Las verduras firmes, como las zanahorias y las remolachas, pueden requerir escaldado para ablandarlas. El escabechado puede conseguirse colocando las verduras en un tarro de cristal y añadiendo condimentos como cúrcuma, comino, semillas de mostaza, eneldo, semillas de apio, pimientos jalapeños. Se prepara una solución de salmuera con vinagre, pimienta y sal hirviendo estos ingredientes y se vierte sobre las verduras una vez fría. Por último, hay que cerrar bien el tarro para evitar que se contamine.

Fermentación

La fermentación, una de las técnicas de conservación de alimentos más antiguas, puede ayudarte a aprovechar el excedente de su cosecha. Innumerables verduras y frutas pueden fermentarse fácilmente. Por ejemplo, puede convertir la col en un delicioso chucrut añadiendo sal y agua. Los pepinos fermentados tienen un sabor parecido al de los encurtidos caseros, mientras que las zanahorias fermentadas resultan crujientes y deliciosas.

Las recetas de fermentación son bastante sencillas y directas, con unos pocos ingredientes clave como vinagre, azúcar, sal y una variedad de complementos como zumo de lima, limón, semillas de apio, hierbas, granos de mostaza y especias.

Mi receta más sencilla, pero a prueba de balas es utilizar un licor de sal al 2% (1 litro de agua + 20 g de sal) sobre las verduras.

Almacenamiento

Algunas verduras pueden guardarse fácilmente en un lugar fresco y limpio hasta un año. Las hortalizas ideales para el almacenamiento son las patatas, las calabazas y las cebollas. Un recipiente lleno de arena húmeda es ideal para almacenar tubérculos como zanahorias y remolachas. También puede dejar los tubérculos en el suelo durante el invierno cubriéndolos con una capa de mantillo de 30-45 cm.

Las condiciones de almacenamiento varían según las hortalizas. La temperatura y la humedad son los factores más importantes. Tres combinaciones perfectas para el almacenamiento a largo plazo son

- Seco y fresco: 50 - 60°F (10 - 15°C), 60 % de humedad relativa

- Seco y frío: 0 - 4°C (32 - 40°F), 65% de humedad relativa

- Húmedo y frío: 0 - 4°C (32 - 40°F), 95% de humedad relativa

La vida útil de las verduras se acorta hasta un 25% por cada aumento de 10°F (-12°C). Como algunas de estas condiciones son difíciles de crear en nuestros hogares, aquí tiene algunos lugares perfectos para almacenar alimentos:

Sótanos

Los sótanos suelen ser frescos y secos, por lo que son perfectos para almacenar verduras. Sin embargo, asegúrese de proporcionar algún tipo de ventilación para evitar que hongos como el moho estropeen sus alimentos.

Frigoríficos

Son excelentes para hortalizas que prefieren condiciones secas y frías, como el ajo y la cebolla. Colocarlas en bolsas de plástico perforadas puede ayudar a generar condiciones frías y húmedas, pero solo durante un tiempo limitado. Las bolsas de plástico sin perforar pueden crear demasiada humedad, provocando condensación, lo que puede favorecer la proliferación de bacterias o moho.

Bodegas

Los sótanos son el lugar perfecto para los alimentos que prefieren condiciones húmedas y frías. Sin embargo, al igual que con los sótanos, hay que procurar una buena ventilación y crear barreras para mantener los alimentos a salvo de los roedores. También se pueden utilizar materiales como paja, heno o virutas de madera como aislantes para proteger los alimentos de las rápidas fluctuaciones de temperatura.

Conservar cocinando

Cuando la temporada de cosecha llega a su fin, mi frigorífico no solo está repleto de conservas congeladas, sino también de deliciosas salsas, chutneys y encurtidos. Convertir las frutas y verduras sobrantes en pastas y salsas es una forma excelente de aprovechar al máximo el espacio del frigorífico. Siempre que tenga antojo de alimentos fuera de temporada, basta con que saques un tarro, metas la cuchara y pruebes su sabor celestial. Así que, ¡vamos a ponernos el gorro de chef y a cocinar!

Pesto

Puede añadirlo a la pasta o untarlo en patatas asadas, pizzas y pan. Sea como sea, la combinación de albahaca fresca y ajo es una delicia para el paladar. ¿Y lo mejor? Solo se tarda 15 minutos en hacerla.

Ingredientes

Hojas de albahaca fresca	2 tazas

Queso romano o parmesano recién rallado	½ taza
Aceite de oliva	½ taza
Ajo picado	3 dientes (1 cucharada sopera)
Piñones o nueces picados	⅓ taza
Sal	¼ cucharadita
Pimienta negra	⅛ cucharadita

Método

En un robot de cocina, empiece triturando la albahaca y los piñones. Añada el queso y el ajo y vuelva a triturar. Asegúrese de raspar las paredes del robot de cocina con la espátula de goma. Vierta poco a poco el aceite de oliva en un chorro fino y constante mientras el procesador está en marcha para ayudar a emulsionar y evitar que el aceite se separe. Añada sal y espolvoree pimienta recién molida antes de mezclarlo con la pasta para obtener una salsa rápida. Colóquelo sobre patatas asadas o sobre galletas saladas o tostadas.

Encurtido de tomate verde

Este año planté ocho plantas en mi patio trasero que pronto se vieron agobiadas por los tomates. Hace unas semanas, tuve que podar algunas ramas bajas y acabé con casi dos kilos de tomates verdes sin madurar. No sabía cómo utilizarlos, así que recurrí a Google y encontré una receta de encurtidos de tomates verdes. Salió tan bueno que decidí volver a hacerlo en el futuro.

Ingredientes

Tomates verdes	0,5-1 kg (1 - 2 lbs)
Chiles verdes	6 - 7 chiles verdes
Jengibre picado	1 cucharada sopera
Semillas de mostaza	1 cucharadita
Cúrcuma en polvo	½ cucharadita

Semillas de alholva	½ cucharadita
Chile en polvo	3 cucharadas soperas
Hojas de curry	10 hojas
Zumo de limón	⅛ taza
Aceite	⅛ taza
Sal	⅛ taza

Método

Lavar los tomates y cortarlos por la mitad. Calentar aceite en un wok o sartén pequeños y añadir las semillas de mostaza y fenogreco. Apagar el fuego y añadir el chile en polvo y la cúrcuma mientras se mezcla con una cuchara. Dejar enfriar la mezcla antes de molerla hasta hacerla polvo. Calentar el aceite restante en una sartén y añadir el jengibre, las hojas de curry, los chiles verdes y la sal. Añadir los tomates y tapar, dejando cocer media hora. Añadir el zumo de limón y dejar cocer otros diez minutos. Apagar el fuego y retirar del fuego. Vierta la mezcla en un tarro de cristal limpio una vez que se enfríe y añada el aceite restante por encima. Refrigérelo y disfrútelo con arroz normal o junto con otros alimentos para darle un toque extra de sabor.

Salsa de tomate

La salsa de tomate es un ingrediente básico en todas las cocinas y resulta esencial para la pizza y la pasta. Utilice los tomates cosechados en agosto y septiembre, cuando suelen estar más maduros, para hacer una gran cantidad de salsa de tomate. Elija tomates dulces, de color rojo sangre y pulpa gruesa. Puede verter la salsa de tomate preparada en bolsas zip-lock y congelarla o llenar tarros de cristal y conservarla en el frigorífico.

Ingredientes

| Tomates | 2,3 kg (5 libras) |
| Sal | ¾ cucharadita |

Aceite de oliva	2 cucharadas soperas
Pasta de tomate	1 cucharada sopera
Ajo	1 diente
Albahaca	1 ramita
Hoja de laurel	1 hoja

Método

Lavar los tomates y cortarlos por la mitad. Exprima las semillas y reserve algunas para guardarlas (véase el capítulo 9). Ralle los tomates y deseche la pulpa. Deberías tener 4 tazas de pulpa de tomate rallada. Colóquela en una cacerola amplia a fuego fuerte. Añada la sal, el aceite, la pasta de tomate, la albahaca, el ajo y la hoja de laurel. Llévelo a ebullición y, a continuación, baje el fuego y déjelo cocer a fuego lento.

Reducir la salsa hasta que solo quede la mitad. Remover de vez en cuando para evitar que se queme o se pegue al fondo de la sartén. Debería obtener unas 2½ tazas de salsa después de diez o quince minutos. Se conservará bien en el frigorífico durante cinco días y más si se congela.

Salsa de rábano

Este condimento de color rosado es perfecto para sus rábanos de primavera. Va bien con casi todo: perritos calientes, pollo a la barbacoa, hamburguesas, ¡lo que se le ocurra!

Ingredientes

Rábanos cortados en dados	3 tazas
Apio	2 grandes
Cebolla roja	1 cebolla grande
Sal	2 cucharaditas
Azúcar	1 taza

| Semillas de mostaza | 1 cucharada sopera |
| Vinagre | 1 taza |

Método

Triturar los rábanos, el apio y la cebolla o picarlos finamente. Mezclar el resto de los ingredientes y dejar reposar la mezcla durante tres horas. Hervir en una cacerola grande y cocer durante diez minutos. Verter en tarros, dejando un espacio de media pulgada en la parte superior. Cerrar las tapas y dar un baño de agua de 20 minutos en ½ pinta (1/4 de litro) de agua hirviendo si se quieren enlatar.

Sidra de fuego

La sidra de fuego es un tónico a base de hierbas que se considera que aumenta la inmunidad, ayuda a la digestión y da calor en un frío día de invierno. La receta básica combina rábano picante, jengibre, ajo, cebolla, cúrcuma y pimiento picante disueltos en vinagre de sidra de manzana. El pimiento picante le da un toque picante, la miel y las especias crean un estímulo inmunológico único. El brebaje se deja reposar en un tarro durante unos 30 días.

SIDRA DE FUEGO

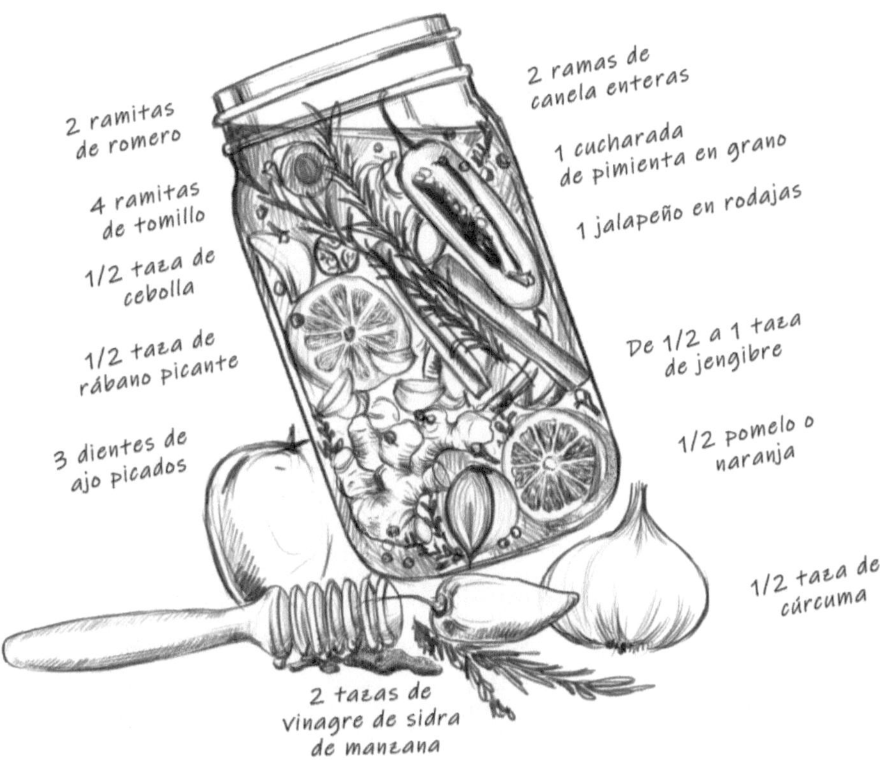

Figura 5.1: Receta casera de sidra de fuego.

Principales conclusiones

La abundante cosecha de su huerto urbano puede convertirse en un delicioso plato para untar. Las recetas anteriores le ofrecen formas creativas de almacenar hierbas y verduras para que no ocupen demasiado espacio.

Ahora que hemos llegado al final de nuestro viaje por el huerto urbano, vamos a hacer un repaso de todo lo que hemos aprendido hasta ahora y a arrojar luz sobre el camino que nos queda por recorrer.

Conclusión

Ahora que nuestro viaje por la jardinería urbana toca a su fin, espero que los métodos descritos en este libro le hayan ayudado a conocer mejor el fascinante mundo de la jardinería en recipientes y a desarrollar la confianza necesaria para crear su propio espacio verde en un entorno urbano. El objetivo de este libro era desafiar las restricciones que solemos imponernos y proporcionar a los habitantes de las ciudades las herramientas e ideas necesarias para disfrutar del placer de la jardinería.

Empezamos nuestro viaje cuestionando las limitaciones de nuestros espacios vitales y elaborando soluciones creativas y originales para encontrar los mejores microclimas para nuestras plantas y aprovechar al máximo nuestro espacio de jardinería. Aprendimos las sutiles diferencias de los recipientes en función de su forma, tamaño y material, y cómo adaptarlos a las necesidades de nuestras plantas.

Desarrollamos una aguda percepción del suelo necesario para cultivar nuestras plantas y aprendimos diferentes métodos para mejorar su calidad, como el compost casero, el acolchado y la lombricultura. Temas como el riego, la siembra, la plantación, el manejo y la cosecha de las plantas pueden parecer aparentemente sencillos, pero, como aprendimos en este libro, pueden ser un poco complicados. Sin embargo, la información recopilada en este libro le ayudará a navegar por estas turbias aguas con facilidad.

Cuando empecé a aprender sobre jardinería urbana, me di cuenta de que tenía el potencial de transformar nuestros hogares y nuestras vidas para mejor. Abre la puerta a una vida sin residuos, sostenible y autosuficiente. Los principios esbozados en *Jardinería en Contenedores con Éxito* harán que su casa rebose de plantas, su despensa esté repleta y su mesa cargada de comida deliciosa, todo ello con un impacto mínimo en el medio ambiente.

Es hora de convertir su afición en algo productivo. Deje que la naturaleza entre en su casa y disfrute de las ventajas de la jardinería.

Gracias por leer,
Por favor, ¡deje su opinión!

Le agradecería enormemente que valorara mi libro o dejara una reseña en **Amazon**.

Escanee este código QR con su teléfono o visite el enlace https://SGC-ES.SophieMckay.com para ir directamente a la página de reseñas del libro en Amazon.

Su crítica no solo me ayuda a crear mejores libros, sino que también ayuda a que más compañeros jardineros tengan éxito en el huerto y pongan alimentos sanos en la mesa de sus familias.

Gracias.

Vocabulario sobre semillas

Para los jardineros novatos, la selección de semillas y la complicada jerga que conlleva pueden resultar desalentadoras. Para ayudar a los cultivadores novatos en este complejo proceso, aquí tiene una lista de todos los términos difíciles con los que probablemente te encuentres cuando vayas a comprar semillas (Barth, 2016):

Cultivos de temporada fría

Plantas resistentes a las heladas que florecen en primavera y otoño, cuando la temperatura diurna oscila entre 60 y 70°F (15 y 21°C) y la nocturna entre 30 y 40°F (-1 y 4°C).

Cultivos de temporada cálida

Plantas que prosperan a finales de primavera y principios de otoño, prefiriendo 80°F (26°C) durante el día y 50°F (10°C) durante la noche.

Días hasta el vencimiento

El número medio de días que tarda una planta en madurar tras sembrar las semillas en el suelo o trasplantar al jardín semillas cultivadas en interior.

Resistente a las enfermedades

Incluye acrónimos como VFN y VFNTS, que hacen referencia a la enfermedad a la que son resistentes las semillas. Por ejemplo, las semillas de tomate VFN pueden sobrevivir a la marchitez por verticillium, la marchitez por fusarium y los nematodos.

Herencia

Se trata de variedades de plantas tradicionales transmitidas de generación en generación que se diferencian de las semillas producidas por los obtentores modernos porque estas semillas se seleccionan cuidadosamente por su sabor, productividad, resistencia y adaptabilidad. La mayoría de las reliquias se crearon antes de la década de 1940.

Polinización abierta (OP)

Aquellas plantas que pueden ser polinizadas de forma natural por los insectos o el viento. Los obtentores profesionales utilizan técnicas de polinización controlada, produciendo semillas que requieren métodos especiales para su polinización. Las semillas de plantas OP pueden almacenarse cada año, ya que darán lugar a plantas "verdaderas" idénticas a la planta madre.

Híbrido F1

Se trata de semillas creadas mediante el cruce de dos plantas diferentes. Las semillas híbridas F1 dan lugar a plantas con rasgos superiores; sin embargo, estas semillas no pueden guardarse y volver a plantarse al año siguiente, ya que su descendencia será diferente de la planta madre.

Sin OMG

Semillas que no han sido creadas mediante técnicas de ingeniería genética.

Semilla granulada

Semillas recubiertas de una sustancia biodegradable para hacerlas más grandes y fáciles de plantar. Así se reduce la sobreplantación de semillas diminutas como las de lechuga y zanahoria.

Bibliografía

Albert, S. (s.f.). *Hardy, Half-hardy, and Tender Vegetable Crops*. De la cosecha a la mesa.

Andrychowicz, A. (s.f.). *Semillas de siembra de invierno: A Quick-Start Guide*. Get Busy Gardening.

Barth, B. (2016, 21 de enero). *Cómo comprar verduras: Nuestra guía de selección de semillas*. Agricultor moderno.

Bauer, E. (s.f.). *Receta de pesto de albahaca fresca*. Simply Recipes.

Bordessa, K. (2021, 16 de julio). *Jardinería en contenedores para principiantes*. Attainable Sustainable.

Se puede empezar a compostar en zonas urbanas? (2019, 24 de junio). Greenhouse Emporium.

Chadwick, P. (2020, 5 de octubre). *Pautas para la cosecha de hortalizas*. Jardineros Maestros del Piamonte.

Chase, A. (s.f.). *10 Ways to Keep Your Garden Healthy - FineGardening*. Fine Gardening. Recuperado el 12 de septiembre de 2022.

Container Gardening Secrets: Ideas to Inspiration. (sin fecha). Eartheasy Guides & Articles. Recuperado el 26 de julio de 2022.

Consejos de mantenimiento para jardines en macetas: Ayude a sus plantas a prosperar durante todo el verano. (sin fecha). Savvy Gardening.

Daron. (2020, 24 de marzo). *Fijadores de nitrógeno - Qué son y consejos para empezar*. Cultivando con la Naturaleza.

Dyer, M. H. (2022, 10 de enero). *How To Preserve Vegetables From Garden: Learn Methods Of Preserving Vegetables*. Gardening Know How.

La Caja de la Tierra. (s.f.). *Cómo cultivar un huerto autosuficiente*.

Las 18 mejores plantas para un balcón orientado al norte. (s.f.). Balcony Garden Web.

Ellis, B. (2016, 1 de marzo). Cómo dar a *sus semillas una ventaja antes de plantar*. Refresh Living.

Engels, J. (2016, 18 de noviembre). *Cómo y por qué rotar sus cultivos anuales - El Instituto de Investigación en Permacultura*. Instituto de Investigación en Permacultura.

Fischer, N. (2018, 4 de enero). *Las 14 mejores empresas de semillas para plantar en su huerto ecológico*. Nature's Path.

Encurtido de tomate verde. (s.f.). Recetas Aayis.

Guía de recolección. (sin fecha). Kellogg Garden Products.

Hassani, N. (2021, 29 de noviembre). *Companion Planting con Companion Planting Chart*. The Spruce.

¿Cómo elegimos qué variedades de semillas plantar? (sin fecha). Granja Broadfork.

Cómo acelerar la germinación de las semillas. (sin fecha). Frostproof Growers Supply.

Huffstetler, E. (2022, 5 de julio). *Cómo hacer su propio fertilizante*. The Spruce.

Hughes, M. (2022, 27 de agosto). *Cómo guardar semillas de su jardín para plantarlas el próximo año*. Better Homes & Gardens.

Judd, A. S. (s.f.). *La mejor forma de regar las plantas de exterior en maceta*. Cultivar en el jardín.

Judd, A. S. (s.f.). *Best Way to Water Raised-Bed Gardens*. Growing In The Garden.

Kanuckel, A. (2022, 20 de junio). *Guía de siembra asociada: Siembra fácil*. Almanaque del agricultor.

Kellogg Garden Organics. (sin fecha). *Creación de un jardín respetuoso con los polinizadores*.

Kemp, J. (2013). *Permacultura en macetas: Cómo cultivar alimentos en pequeños espacios urbanos*. Publicaciones permanentes.

Kime, L. (2012, 28 de agosto). *Información sobre la calidad del suelo - Artículos Artículos*. Extensión de Penn State.

Conozca su zona de cultivo: Resistencia al frío y tolerancia al calor. (2013, 15 de noviembre). Jardines de Longfield.

López, C. (s.f.). *Diferentes tipos de tierra para jardinería*. Trinjal.com.

MacArthur, A. (s.f.). *How to Mix Your Own Potting Soil for Container Vegetables*. Food Gardening Network.

MacKenzie, J., & Grabowski, M. (s.f.). *Saving vegetable seeds | Extensión UMN*. Extensión de la Universidad de Minnesota.

Magyar, C. (2020, 14 de enero). *Anuales, bienales y perennes: 3 tipos de plantas que debe conocer*. Rural Sprout.

Markham, D. (s.f.). *8 Natural & Homemade Insecticides: Salve su jardín sin matar la Tierra*. Treehugger.

Masabni, J. (s.f.). *Acolchado - ¿Debe regar antes o después del acolchado?* Extensión AgriLife de Texas A&M.

Mayntz, M. (2021, 15 de marzo). *Diferentes tipos de comederos para colibríes*. The Spruce.

McKay, S. (2022). *El Proyecto Práctico de Permacultura*.

Michaels, K. (2022). *Jardinería en contenedores para principiantes*. The Spruce.

Michaels, K. (2022, 15 de junio). *Seis grandes contenedores para el cultivo de hortalizas*. The Spruce.

Peischel, W. (2022, 16 de septiembre). *Ratas al rescate: ¿podrían los molestos roedores conseguir por fin que los neoyorquinos compostaran?* The Guardian.

Painter, T. (2018, 14 de diciembre). *¿Qué tipo de tierra usar en macetas para hortalizas?* Guías para el hogar.

Patterson, S. (s.f.). *¿Qué suelo es mejor para el crecimiento de las plantas? | LoveToKnow*. Garden.

Rievley, S. (2020, 3 de febrero). *Cómo instalar un sistema de barriles de lluvia*. HGTV.

Receta de rabanitos rosados. (sin fecha). Food.com.

SanSone, A. (2021, 25 de marzo). *15 Best Plants That Attract Pollinators - Las mejores flores para los polinizadores*. The Pioneer Woman.

Selección de semillas- Factores a tener en cuenta al seleccionar semillas. (2016, 7 de mayo). Ugaoo.

Tanis, D. (s.f.). *Receta rápida de salsa de tomate fresco - NYT Cooking*. NYT Cooking.

Thompson, R. (2018, 18 de junio). Jardinería para la salud: una dosis regular de jardinería. *Medicina clínica, 18*(3), 201 - 205. 10.7861/clinmedicine.18-3-201

Tong, C. (s.f.). *Harvesting and storing home garden vegetables | Extensión UMN*. Extensión de la Universidad de Minnesota.

Vinje, E. (2012, 7 de diciembre). *Cómo hacer su propia tierra para macetas*. Planeta Natural.

Whittingham, J. (2012). *Frutas y verduras en macetas*. DK Pub.

Witte, D. (2020, 17 de agosto). *Cómo construir un suelo rico en nutrientes en el jardín de permacultura: New Life On A Homestead*. New Life On A Homestead. Obtenido el 25 de julio de 2022, del sitio Web: https://www.newlifeonahomestead.com/nutrient-rich-soil-permaculture/.

Zafar, S. (2020, 5 de junio). *Qué es el Vermicompost*. EcoMENA. Obtenido el 2 de agosto de 2022, del sitio Web: https://www.ecomena.org/vermicomposting/.